槍與玫瑰

四二四刺蔣案的民主鬥士：黃晴美

吳清桂——著

目次

01　隕落

北國冰冷的空氣在 2018 年 1 月 30 日帶走了晴美，
因為大動脈病變無力挽回，默默在他鄉離大家遠去……

夫婿培熙

女兒日青

兒子日傑

在兒孫陪伴下，快樂度過後半生

守靈，從此永存心中

晚年罹患阿茲海默症

隕落他鄉的俠女

台灣人的追思

02　竹塹之女

1939 年平安夜，正當世人為耶穌誕生傳唱佳音的同時，
晴美降臨到新竹黃家，報了佳音……

平安夜佳音

阿公和多桑

卡醬是新竹內公舘大家族林占梅三世長孫女

台灣的政治環境

多桑是從事水利工程的文官

黃家兄弟齊心救父

支撐全家的卡醬，是孩子們的重要依靠

叛逆，不甘被重男輕女觀念束縛

文雄阿兄是影響晴美最深的人

以優異成績畢業師範大學、取得留美獎學金

07　救夫　152

自 424 後，晴美連接從美國「大墓」看守所，到瑞典監獄，再到英國監獄，一路展開救夫的司法救援行動……

08　流浪者之歌　168

近 30 年的流浪生活，晴美沒有被擊倒，
她把他鄉變故鄉，努力用心生活……

與台灣家人重逢的喜樂和哀愁

槍響後的台灣家人

再度離別的苦

刺客和阿母

最後的黑名單

阿美的異國生活

刺蔣案背後一位堅強的女性

第二次世界大戰於 1945 年結束後，當時掌控中華民國政府的蔣介石，利用盟軍命令在台日軍向他投降的機會，竊據台灣為殖民地。4 年後，被中國共產黨擊潰而逃出中國的蔣介石與蔣經國父子，在台灣建立流亡政權，冒稱中華民國，透過龐大的特務系統繼續施行殖民統治。

淪為中華民國殖民地之後，台灣人民的反抗運動即持續展開。發生於 1970 年的 424 刺蔣事件，是台灣人民對外來統治集團權力核心的直接出擊。從紐約市傳出的這一聲槍響，給長期受壓迫的台灣人民帶來了莫大的鼓舞，台灣獨立建國運動的動量從此加速增長。

刺蔣事件發生迄今已過了 53 年。參與刺蔣事件的四位志士中，賴文雄與黃晴美已分別於 2012 及 2018 年過世。有關 424 事件的經過，除了鄭自才於 2018 年與張文隆合著的《刺蔣鄭自才回憶錄》，只能從報章雜誌讀到一些相關人士發表的片段回憶。

清桂與晴美是自才的前後任前妻。她們在瑞典相識後即情同姊妹。清桂對晴美的個性有深入的瞭解。因此在陳述晴美一生經歷的同時，對晴美在各階段遇到挑戰時的沉穩心境亦做了清晰的描繪，而她與晴美如同姊妹的深厚感情則充溢於字裡行間。

　　《槍與玫瑰》一書的出版，除了為晴美的一生經歷留下詳盡的紀錄，亦填補了 424 事件一段重要歷史的空白。在刺蔣事件中，晴美的夫婿自才負責策畫及執行，她的長兄文雄負責開槍，而晴美則全程參與，並負責將槍枝帶到現場交給文雄。自才與文雄兩人被捕、受審及潛離美國之後，晴美即獨自負起營救及養育子女的任務。透過這本書，讀者可深入瞭解晴美參與刺蔣事件的勇氣以及之後忍受來自各方種種壓力的意志。

　　在紐約遇刺的蔣經國於 1988 年過世後，中華民國殖民體制並未終結，而中華人民共和國的歷任領導人更以「一中」為藉口，圖謀繼承蔣介石竊據的台灣。在現階段的時空環境下，晴美的一生經歷及 424 刺蔣事件的歷史意義，值得關心台灣前途的人們加以瞭解。

前台大公共衛生學院院長　王秋森

槍後的玫瑰，革命之花

　　「424」的歷史敘述，常見的是黃文雄和鄭自才被描繪
的形影。1970 年，蔣經國以蔣介石接班人訪美，舖陳他
登基、後繼統治台灣政治史序章的一幕。黃文雄未成功
的一擊，雖未中斷蔣體制，卻多多少少驚嚇、點醒了獨
裁政權一意孤行的夢。

　　黃晴美是「424」常被忽略的名字，她是黃文雄的妹妹，
鄭自才當時的妻子。

　　黃文雄以晴美、鄭自才已成家，挺身而出，承擔槍手
的角色，避免央及他們家庭。事件當時，三人成行，晴
美是遞槍給黃文雄執行任務的人，鄭自才是救援。千鈞
一髮的實際行動是晴美在現場從包包裡拿出槍交給黃文
雄開始的。未完成的任務結束後，是三個人的顛沛流離，
以及蔣經國返台後台灣的政治運動的歷史。

　　吳清桂作為本書的敘述者，她的人生際遇是以護理人
員從台灣到德國醫療服務，因緣際會在海外的台灣人活
動場合認識鄭自才，被擄獲芳心，成為已與晴美離異、
流亡瑞典的鄭自才新伴侶。

鄭自才前妻寫另一個前妻，呈現女性史特殊的篇章。

　　新世紀初，我應邀在瑞典首都斯德哥爾摩舉行的世界台灣同鄉會演講，初見黃晴美。那時，她已改嫁，先生是體貼她、熱愛水上活動的瑞典人。流亡海外的滄桑寫在她的身影，異國他鄉相遇，記憶讓我浮現有關她故事的一本書的書名《天涯・人間・晴美》（前衛）。那是 2018 年，晴美辭世不久，朋友們為紀念她共同企劃的一本書，算是晴美在自己出生的國度留下的生命之影。

　　吳清桂以《槍與玫瑰》敘述晴美在 424 的革命位置，從女性或女性史的角度，把曾經被以男性在海外參與台灣獨立運動的角度，重新描繪。閱讀台灣歷史的人們，總算開始了解曾經被忽略的視野。

　　吳清桂曾經是國民大會代表，參與婦女運動。1990 年代，我以「從死滅裡再生」，召集共同追尋台灣「國家重建、社會改造」，出生於二二八事件發生之年的一些朋友組成「四七社」。在那個年代，三十多位同齡，分別在文學藝術、學術、政治領域，參與政治改革運動，吳清桂也是成員，顯示她的淑世性格。

　　她寫晴美，以「槍與玫瑰」映照一位革命女性被忽略的精神史。不只以女性寫女性，更是前妻寫前妻，參與者寫參與者，特別的視野探觸了隱晦於歷史角落裡的亮點。

　　台灣的政治改革運動兼及海內外，在那戒嚴宰制的年

代，海外的力量扮演重要的角色。1990 年代，解除了黑名單之後，許多流亡志士才逐漸能回到這個國度。許多海外致力於推動台灣政治改革的仁人志士被遺忘，黃晴美更是。吳清桂補綴了歷史的模糊篇章，以特殊的角度呈現一位可敬女性的時代像和人間像。

詩人 李敏勇

從「槍與玫瑰」到「椰子殼碗裡的青蛙」

　　本書是全球少見的「後妻為前妻寫的傳記」。夫婿＝男人鄭自才，被貶成遠景、BGM、跑龍套。其他同時代台灣菁英，「更無一個是男兒」。我雖也不幸生為男兒身，至少知道該從女性主義角度大大宣揚本書，才屬政治正確。

　　儘管如此，在拜讀之餘，有一個疑惑，始終縈繞不去：無論是自傳、他撰、甚或做為學術研究領域，關於黃晴美或者黃文雄生平的書寫，在上世紀結束之前，早就應該問世、廣存、蔚為大宗了。而其實並不然。

　　上世紀末葉台灣的民主化，就全球規模而言，也是很了不起的。可惜由於並未進行轉型正義與除垢，台灣人在意識與品味解殖上，提升甚為有限。與諸鄰國相較，未見如何高明。我以為，這就是關於黃氏兄妹生平他撰寥寥、學術研究缺缺的原因。中文說「入寶山而空回」還不夠貼切；日文的「宝のもち腐れ（有寶貝不懂珍惜，鮮花著牛糞）」庶乎近之。但是自傳呢？為什麼沒有自傳？

班乃迪克・安德森在特別為日本讀者而寫的「自傳」
《ヤシガラ椀の外へ》的序言裡曾提到，他原本對寫自
傳興趣缺缺。理由有三。第一，凡是他所尊敬的師長們，
均無人寫自傳，他也不想例外。第二，就他所知，英美
學者似乎亦少有此例。至少大家都認為，作為一個學者，
「寫的書偉大才重要。寫書的人偉不偉大根本不重要」。
第三，他對這個大千世界充滿好奇，但對自己卻沒什麼
興趣，也不關心。

　　相對於以上三種「不想寫」的理由，安德森最終接受
日方邀約的理由，寫的其實很含混。我的解讀是：他對
讀者設定了某種門檻。自傳，是寫給「同行／準同行」，
「同志＝知性的世界公民＝對椰子殼碗外的世界充滿好
奇心的／全世界的青蛙們」看的。與其說是學術性自傳，
不如說是同人誌。

　　黃晴美、黃文雄這一對特異的兄妹檔，均曾同意留下
自傳有其意義。但似乎也都對於委諸他人之手的「口述
歷史」興趣缺缺。照我這個局外人看來，原因之一是他
們都覺得寫自傳「重要但非當務之急」；原因之二是他
們自己就是以文字表達思想的高手，根本無需如台灣各
路賢達般的重金倩人大江大海、天下遠傳。

　　想像中（無論是我自己的想像、或者我想像他們兄妹
的想像），黃晴美與黃文雄的「自傳」，與上述通篇第

一人稱代名詞「我」如何如何的「我史」完全相反。想像中，黃晴美與黃文雄的「自傳」，必然是將自己的存在：生命、思索、言論、行動，置諸世界史的脈絡中理解與敘述的。而且恐怕還得以學術研究的標準，做為書寫的方法論基礎。重點不是自己，而是從自己與身處的時代，群眾的互動，看出普世性的意義。這種格局，很少人可以企及。或者說，可以企及之人，就不那麼急著寫自傳了。甚至，也終究不曾留下自傳。黃晴美便是如此。而我非常擔憂黃文雄，大家的 Peter，最終也棄全世界的青蛙不顧。

在自傳問世之前，在學術界交出作業之前，這本《槍與玫瑰》，便是當今台灣社會如何認識與榮耀我們自家寶藏、自家英雄的代表作，值得讚賞。期待未來有更多不同角度的寫作，彼此互相超越。

台灣人權促進會前會長
輔仁大學法律系教授　吳豪人

推薦序
聽見她們的無聲之聲

　　2018年，承蒙曾經留學瑞典的好友劉璐娜贈我一本《天涯‧人間‧晴美》。讀到黃文雄先生的敘述，才第一次認知到，刺蔣案的當事人並非只有男性，黃晴美也是積極參與者。她和黃文雄在行刺前一起做現場勘查，並將槍枝放在自己皮包裡帶至廣場飯店。事後的探監、救援、掩護逃亡等工作，她都在莫大的壓力下默默承擔起來。

　　但是在黃晴美去世前，除了事件關係人及少數圈內人知曉外，她作為革命同志的角色並未被揭露。她一直被視為黃文雄的妹妹、鄭自才的妻子，因刺蔣案被迫帶著孩子遠赴瑞典的一位刺蔣案「家屬」。

　　刺蔣案有女性革命者參與的這個發現，點燃了我的興趣。我想用紀錄片的形式，說一個有女性角色的抵抗故事，跟大家熟知的傳統男性英雄敘事做一個對照。這個故事若能將女性未被聽見的聲音採集出來，就會像陽光

溜進縫隙，讓我們看見縫隙裡不曾想像的新鮮風景。

田調和拍攝開動以來，我們從黃晴美留下的幾篇文章開始，陸續挖掘出許多女性參與者的聲音。她們有的是革命同志，有的是救援的協力者，有的是黃文雄和鄭自才的家人。不論在美國、加拿大、歐洲和家鄉台灣，每個人都曾經默默奉獻心力、付出代價而不求回報。

這些女性提供的歷史記憶，構成紀錄片《那一槍》很重要的敘事元素。而黃晴美，是付出最大代價、角色也最關鍵的一位。

吳清桂女士撰寫黃晴美的一生，正好和紀錄片《那一槍》互補。由於未能在黃晴美生前訪談她，紀錄片中她的故事只能透過其他間接手法呈現，而《槍與玫瑰》這本專書，可以提供讀者更多線索和細節，來認識這位膽識與行動力遠遠超越時代的不凡女性。

期待在我們這些故事的基礎上，未來還有人願意投入小說和戲劇的創作，不斷詮釋刺蔣案承先啟後的歷史重量，以及黃晴美這位勇敢的女性不可磨滅的角色。

紀錄片《那一槍》製作人／導演　馮賢賢

推薦序
期待本書能刺激對
社會運動者黃晴美的研究

去年年初，我在新店的家失火。火從後院的書房燒起。電腦、書籍、文件付之一炬。自從 1996 年偷渡回國，我瘋狂於「社運建國」，直到 2017 年左右，八十幾年來累積的各種疾病一一附身，養病之餘，才有時間開始起草久已想寫的回憶錄筆記；這些筆記自然也通通燒光，包括我妹妹晴美的部分。

我已經開始重寫，但 85 歲的多病老人寫起來一定很慢，甚至還有被迫中斷的危險。所以我很高興看到吳清桂女士寫出《槍與玫瑰》。

過去並不是沒人以散篇寫過黃晴美，但是都碰到兩個問題。第一是傳統文化對女性的偏見；女性只能以「賢妻良妹」擔任「含辛茹苦」的附屬角色。其次，有關 424 的資料太少。直到 2018 年晴美逝世，才有一本黃晴美紀念文集（《天涯・人間・晴美》，前衛出版）大大有助於大家對她有更切實、合理的認識。

5 年後，我們又有這本另開路徑的本書。作者雖然在 1973 年才聽到 424，但後來成為鄭自才第二任妻子，一度住過瑞典，兩家來往，和晴美是朋友，也上過黑名單。這是個獨特的觀察體會角度，希望讀者好好欣賞這部頗具抒情風格的類回憶錄。

　　我也希望本書會幫忙刺激對晴美的研究，尤其做為社會運動者的晴美。1972 年美國政府（背後還有國民黨政權）企圖從瑞典引渡鄭自才回美國，從瑞典到英國，有一場跨國拯救阻擋運動，是當年有名的國際事件（其法律面曾列入「英國人權六十案」）。

　　本書對這個長達一年的過程有所描寫，但因為資料缺乏，沒寫到晴美在這個跨國運動中的角色以及過程，想像一下，一個 154 公分的「小女孩」在這場 424 的延長賽的過程裡，期待有社運研究者願意一試，也希望早有這一天。

黃晴美長兄　

黃晴美是台灣近代偉大革命家

台灣近代的偉大革命家

　　吳清桂女士所撰寫的《槍與玫瑰》，是台灣第一本詳細描述黃晴美女士一生運動思想的好書，值得每個台灣人閱讀。

　　「424 刺蔣案」黃晴美從策劃、行動及事後奧援都全力參與，是一位革命行動家。424 教育基金會推薦並響應「送黃晴美到圖書館」的募書活動，期盼可以讓更多人參與，同時認識這位台灣近代的偉大革命家。

424 教育基金會董事長　三二仲肆

424教育基金會董事長　三2伸肆

以自由意志實際參與刺蔣行動

　　透過清桂的書寫，當代人重新認識 424 刺蔣案，才知道受過民主自由薰陶的黃晴美，並不是刺蔣的幕後支持者，而是以自己的自由意志，實際參與 424 刺蔣案的執行，槍枝透過她的傳送而完成使命。

　　這樣的女性的反抗者，在那個威權統治者無情鎮壓反抗者的年代，其勇氣與情操，特別令人感動！

　　　　　　　　　　　　　監察委員　范巽綠

我輩台灣公民社會接下傳承

　　感謝清桂女士以如此溫暖、素樸、日常的文字，領讀者以更立體、更脈絡的方式，認識 424 刺蔣案的關鍵小組成員，在那個蔣家政權威權統治的年代，他們如何從非常個人的生命經驗，自主地參與對台灣人民至關重要的行動，最終又如何在國民黨撲天蓋地的追殺下，尊嚴地生活下去。

　　而黃晴美女士作為行動小組中唯一的女性，始終站在後勤與串連的位置採取行動，這個行動位置沒有光環，但本書讓我們看見，晴美女士的堅持、與後續長期的積極救援，同時成就了她一生都在實踐的女性主體性，及形塑她不斷追求的自由、民主、人權、獨立的台灣。作為當前台灣公民社會的一員，我輩中人不可不透過此書，接下黃晴美女士帶給所有台灣人的傳承。

台灣人權促進會秘書長　

我忙得沒時間做軟弱的女人

　　黃晴美女士的故事勇敢而堅定，她說「我忙得沒時間去做一個『軟弱的女人』」──黃晴美女士不只是台灣女性，更是個革命家，她堅毅的身影被寫進台灣獨立史，在那聲驚天槍響後半世紀，仍在鼓舞著追求台灣獨立的我們。

台灣青年民主協會理事長　張育萌

晴美是女英雄，不是局外人

歷史很微妙。1970 年 424 刺蔣，以現場刑事辦案而言，其實是「四人行動小組」（還有賴文雄）。「二人完成」（黃晴美藏槍、遞槍，黃文雄開槍），「三人現身」（鄭自才最後上前營救黃文雄）。

但奇怪的是，目前的紀錄強調了參與策劃而其實沒有摸到槍的鄭自才，卻忽略既參與策劃，又有實際藏槍、遞槍行動的黃晴美。當初的辦案方式，竟讓黃晴美幾乎成了局外人。

吳清桂以特殊的身分，寫了這本特殊的書，替黃晴美爭取她應有的歷史定位：晴美本身就是女英雄，而不只是英雄的親密家屬而已。

作家 陳耀昌

填補對海外台灣人英雄認知的空白

2007 年我曾兩次訪問鄭自才先生,他在訪問紀錄中說:「我太太知道我要進行刺蔣時,不但沒有反對,而且還很支持,這一點讓我感受到台灣女性偉大之處。」「槍枝由黃晴美在當天早上放在她的 hand bag,帶到現場,再當場交給 Peter,讓他執行。」可見晴美在刺蔣事件中的位置;另外我也閱讀過外交部相關檔案而寫過一篇「1970 年刺蔣事件」的會議論文,但是,對於半個世紀以前這一群台灣人的出國、反抗與流亡,還是有很多想知道而不知道的面向。

2018 年晴美在瑞典去世以後,感謝宜恩兄等一群熱心者在台北為她辦了追思會,還留下一本追思集。而今這本傳記除了敘述晴美如何介入 1970 年那個歷史事件,也有許多生活史的照片與細節,可以填補我們對這些海外台灣人英雄的認知空白。從本書我注意到晴美在 35 歲(1974)和自才離婚以後,幸能在 52 歲(1991)與「喜歡雕塑和航海的」Percy Andersson 結婚,據璐娜說,她看到 2009、2011 年的晴美,出海航行的時候還能夠在木船上以俐落的身手張帆、收帆,享受到簡樸而不失品質、且有樂趣的生活,這是多麼令人欣慰的資訊啊。

國史館館長 陳儀深

一生以台灣人的姿態站著

台灣民主運動史裡，有許多堅毅、溫柔、聰明、勇敢、行動力高、具備視野及大局觀的女性。但我們總是因為拿著麥克風的是男人，因為站在鏡頭前的是男人，因為被書寫下的是男人，而無從記得與知道一個議題或一場運動裡頭的女性運動者。

好在這本書出現，讓我們得以完整地認識黃晴美，這位 424 刺蔣案中的女性運動者。

而當我們意識到女性的缺席，藉由這本書完整地認識了她，看見了她的思考，看見了她的政治判斷，看見了她的行動，我們就可以再把「女性」兩個字拿掉。

她是令人欽佩的運動者，不是因為她是女性或是誰的家屬，而是因為他的意志與作為，全然地值得我們感受與學習。

她就是黃晴美，一生以台灣人的姿態站著。

台灣共生青年協會理事長 蔡喻安

作者序
我和晴美的約定：向革命女英雄致敬

1070 年 4 月 24 日紐約 Plaza Hotel 旋轉門的「那一槍」
驚動世界，憾動台灣國民黨白色恐怖政權
潛移默化「台灣人」集體意識

在 Plaza Hotel 南邊轉角
她與兄長（槍手）生死臨別擁抱間
神情鎮定自然，不聲不響，
皮包內的槍，悄悄成功移轉
沒有悲傷，只有勇氣
一句 "I Love You"
眼角同時泛出一滴不捨和榮光的閃亮淚珠

空前絕後的「那一槍」

出師未捷

雖讓獨裁者僥倖逃過

但，就是「那一槍」

改變了台灣人的命運

也改變了她的一生

周圍的朋友得知我正在寫有關黃晴美的故事時，都以一臉不可思議的表情看著我，甚至有人還說，怎麼前妻在替前前妻寫傳記？聽起來實在不尋常。

是的，世上也許很少有這種事情發生，但這卻是千真萬確。我何其有幸，可以為我們台灣的一位奇女子書寫她的傳奇故事。這也許是晴美走後，賦予我的情感約定吧！

我不會是以兒女私情的關係來書寫，也不是談些我們的家庭相處；而是努力敘述並呈現她在台灣的歷史地位。

她不只是家眷，更是 424 刺蔣案的參與者

1970 年 424 刺蔣事件發生時，晴美是持槍者的親妹妹，也是策劃者的妻子，這本就足以令人擔憂不安了。更令人敬佩的是，她還主動參與革命行動。！

晴美不但是革命者的家人，甚至還是 4 位參與革命行動者之一，而且是唯一的女性。明知參與此次革命的阿兄、自才都會回不了家，但是，她仍冷靜執行計畫：把槍放在隨身皮包，陪著阿兄走到事件地點旁，擁抱道別間，從容地把槍交給阿兄。這一切，需要有多大的勇氣、多強的意志？

　　當兄長和夫婿雙雙被關時，晴美毫無退縮，積極扮演救援的工作，做他們的手、腳、眼、耳，不讓他們感到孤單。當夫婿被引渡時，她沒有怨言、猶豫，一方面展開各種救夫行動，同時還要隻身撫養二個兒女。真的無法想像，身在遙遠的瑞典，她是怎麼撐過來的！

　　2018 年 1 月 30 日，她因心臟病變逝世於瑞典的斯德哥爾摩市，那個她大半輩子因黑名單而被放逐定居的他鄉。在台灣人還來不及認識她之前，她就這樣悄悄的離我們而去。

　　我和晴美都曾是鄭自才的前後任妻子，因此有很多的生命共同點：因為黑名單而長期流亡於海外，曾同時在瑞典異鄉居住，並陪伴我們的三個孩子一起成長。因此，在情感上宛如家人；對於她參與革命前後的事蹟，更是充滿佩服與尊敬。

台灣歷史應該記上晴美一筆

　　獲悉晴美走了後，我一直耿耿於懷，如果像我這麼熟悉她在異鄉點滴的「親友」都只是心中懷念，或淡然處之，豈非晴美就此被歷史遺忘、被台灣人輕忽？！當時，我感慨萬千，伴著無數淚水前後寫了二篇文章：《悼念阿美，賽希利亞，想要與妳說說話》、《槍與玫瑰：晴美，妳是永遠的勇者》，很慶幸獲台灣媒體刊登，開始引起一些迴響。

　　2018 年 3 月，在台灣中社社長廖宜恩教授奔走努力下，為晴美舉辦了一個追思會，同時也整理出一本她的紀念文集《天涯 · 人間 · 晴美》。

　　2021 年，台灣婦女團體全國聯合會前會長陳秀惠，當時正著手規劃出版台灣百年女史的《女人屐痕 IV》，她主動邀請我書寫黃晴美的故事。我非常高興的答應，因為晴美被台灣婦女界看到了，終於可以在台灣的婦運界享有歷史定位，這是何其重要啊！

　　我努力以赴，早早交稿。在書寫過程中，我不斷思考，都已經寫了近一萬字，何不再接再厲，書寫晴美的成長故事？我自知並非長期筆耕者，文字功力有限，只能盡力爬梳有限的資料撰寫，期待拋磚引玉，日後有更多文學、史學、社運大家，陸續創作更好的作品來紀念她。

特別值得一提的是，在撰稿過程中得知，這段歷史也將完成紀錄影片《那一槍》，由馮賢賢製作、李惠仁導演，倍感欣慰與感謝。

感謝文雄阿兄逐字校閱、提供寶貴意見

記得 2006 年我去瑞典找晴美時，我曾提到有人要寫她的故事，但她希望能自己寫。後來在連絡中都沒再提到，原以為她因生病不適而放棄。當看到《天涯‧人間‧晴美》中收錄了她以台語文書寫，未曾發表的幾篇短文，說不出的感動又感慨，堅強又有智慧的晴美，選擇用故鄉的台語文實現了自己的願望。這幾篇短文記下她和阿兄的親密手足之情，也敘述了 424 那天的情況。這些遺作，將是未來考證這段歷史的重要資料，我也藉此更清楚認識晴美的生命史。

目前我旅居加拿大溫哥華，礙於生計，能查閱資料、整理撰稿的時間有限，前前後後快一年才完成本書初稿，之後又不斷修修改改，總算勉力完成。一切歸功於一路支持我、協助我的諸多朋友；而最重要的是，得到了文雄阿兄的默許，我才有足夠的勇氣書寫。書中也參考了阿兄的幾本著作：「刺客的老爸」、「刺客的阿母」、「424刺蔣事件的回顧與反思」。

最感謝文雄阿兄，不但接受我的請求，為本書逐字閱讀、批校。還配合遠在加拿大溫哥華的時差，透過 LINE 約定時間，在網路電話中逐字逐句細膩訂正、提醒、說明，在在可以感受，85 歲的阿兄對晴美仍是濃濃關愛，滿滿思念。

拋磚引玉，期待晴美能獲頒總統褒揚令

非常希望，我的笨鳥先飛能夠擾動各界更多的關注，誘發台灣社會普遍注意到 1970 年那時候就與阿兄、夫婿慷慨參與革命，並因此長期放逐海外的晴美。更衷心期盼，這些關注能點點滴滴累積為總統頒發褒揚令的推力，以元首代表國家將晴美擁抱在她深愛的台灣懷中。

完稿後，有個小遺憾在此聊表：關於晴美救夫的那一幕，目前資料有限，因為發生地點遠在瑞典，且參與者大都是瑞典國際特赦組織的友人及協助者，晴美本人也沒特別描述，我很期待日後有人可以解密書寫。

晴美的兒女如今仍住在瑞典，我特地邀請女兒日青寫「這就是我的母親」收錄為附錄三，她也欣然答應了。她是以英文來書寫，再由出版社邀請專人翻譯。全文充滿對媽媽的種種回憶，其中又特別提到，很少看到媽媽生氣，這也驗證了我們對晴美一向溫文優雅的印象。日青同時也花不少時間把媽媽以前的照片找出來，特別是

找到了晴美出國當年，卡醬為晴美裁製的新衣，其中一件是她結婚時所穿的小洋裝…，這些相片彌足珍貴，更增添本書的豐富性。

我非常期待晴美的女兒日青和兒子日傑能夠來台參加本書的發表會，見證媽媽如今在台灣受到的敬佩推崇。但可惜的是他們仍需工作，不克前來。

「送晴美到圖書館」，期待典藏借閱與普及

此外，由於晴美長期因為黑名單而無法返台，絕大多數的台灣人，尤其是中青代，是不認識她的。為了能讓台灣各界認識並記住這樣一位偉大的女英雄，我邀請了諸多可敬好友發起「送晴美到圖書館」，募款捐贈本書給全國圖書館及人權教育資源中心。希望透過圖書館的典藏借閱及人權教育資源中心的推廣，讓現在、未來更多人看到這位女英雄的歷史足跡。

意外插曲，去年聖誕夜在舊金山兒子家摔一大跤，後腦勺跌撞水泥地，「碰」一大聲，幸好可能是羽絨外套的帽子保護，第一時間沒有昏迷。而我當下瞬間牽掛的是，和晴美的出書約定任務尚未完成，千萬不可以有意外。或許老天爺真的聽到我的呼喚，奇蹟式的沒有昏迷，後來也沒有腦震盪，千幸，萬幸！

感謝幸福綠光出版社洪美華社長願意出版本書，同時感謝所有編輯小組的辛苦幫忙，讓我人在加拿大溫哥華，也能透過視訊溝通討論，完成書稿校正以及活動籌備。

要感謝為本書寫序文的王秋森教授、李敏勇老師、吳豪人教授、馮賢賢女士和文雄阿兄。特別一提，自才表示，他是本書當事者之一，就不方便再多寫序文。

還要感謝為本書寫推薦語的江仲驊教授、范巽綠監委、施逸翔秘書長、陳儀深舘長、陳耀昌大作家，和年輕輩的蔡喻安理事長、張育萌理事長，以及共同推薦的蕭渥廷董事長、沈秀華教授。

此外，感謝台灣人權促進會和剛成立的 424 教育基金會一起推動本書的募書活動，以及蔡瑞月舞蹈社提供新書發表會的場地。

「送晴美到圖書館」的募書活動，海外地區承蒙美國紐約長期支持台灣民主運動的黃再添先生及「紐約台灣研究所」（Taiwan Studies Inc.）協助推動，方便海外親友們共襄盛舉，助益良多特此致謝！

吳清桂
Chingney Wu

01 隕落

遙遠北國天際間，一顆閃耀動人的流星突然隕落在瑞典斯德哥爾摩市利町格小島，流逝消失。

北歐瑞典整個冬天都籠罩在一片白茫茫的雪地，日光照射之下，呈現一片雪國特有的冰雪風情：早上九點後太陽才懶散的升起，下午三點不到，窗外已呈現一片暗黑，家家戶戶燈火通明。

6 個小時的白晝，日短夜長，北國的人們卻習以為常的在低溫中揮動著身上每個細胞，運作著每天的日常。但對異鄉者來說，這樣的情境除了日常外，總還是覺得內心深處帶著一股靜默的孤獨感。

夫婿培熙

利町格小島上一個安祥平靜的門戶內，年近 90 的培熙（Percy Andersson）在優雅的燈光下，徐徐點燃擺放在桌上愛妻遺照前的蠟燭，內心深處自然流露出思念之情，一身藝術家氣息的身軀和留著鬍鬚的臉龐，看不出內心的激動情緒。

他深知，雖然幾十年的相處時光將永遠失去，但這段異國夫妻情緣卻深深埋在他心中，直到永遠……。

　　培熙和賽西利亞・黃（Cecilia，黃晴美英文名）的異國情緣結束在此刻如此平凡寧靜的夜晚，和她一生充滿傳奇色彩背道而馳，卻也符合她一貫的風格，優雅沉靜又帶堅毅。

<u>女兒日青</u>

　　賽西利亞的臨終，對女兒阿青來說簡直無法承受，思緒像鞦韆一樣高低亂盪。

　　雖然知道這樣的結局對媽媽來說可以解脫多年來疾病的煎熬與折磨，但還是脫離不開內心的哀慟而沉浸在悲痛之中。自小在媽媽身邊，和媽媽一起走過她一生不朽的傳奇故事。雖然結婚生兒育女，也從未遠離媽媽，母子三人一直窩居在同一個島嶼，就近相互扶持。

　　眼看再也無法撫摸媽媽溫柔的體溫，媽媽一切的叮嚀也已經化為千風，那分傷逝的感覺，總在心頭振盪。有時，意識雖逐漸浮現出模糊的景象，卻時而等著它變得更清晰而認識現實的殘酷——媽媽已經不在身邊。

兒子日傑

兒子阿傑永遠都是媽媽身邊的小男孩，縱使已經人生半百，經歷結婚生子，依然離不開過度的依賴。小時，在一切沒有選擇的權利下，就得和媽媽一起走過荊棘，度過難關。然而太過年幼，不知能有多少記憶可以存留那段艱辛旅程。

爾後，在媽媽保護傘之下，卻也快樂平安度過童年，成長為完整成年人。如今，看著培熙優雅的在媽媽遺像前點燃蠟燭，突然驚覺到媽媽已經在另外一個陌生的世界裡。

阿傑感受到屋內帶著滯悶不動的空氣，壓抑的難以呼吸，但隨即在腦海中又浮現出媽媽種種芬芳的味道，一時內心雖享受著這樣的美麗芬芳，但眼睛盪著的卻是些飄浮物，映著光，隨即快速移動成小淚點。之後，這一切又回復到現實原點，媽媽已經不在身邊了。

晴美與培熙。

在兒孫陪伴下，快樂度過後半生

客廳在點燃的蠟燭燈罩下，沉靜和平伴隨著賽西利亞的遺照，兒子、女兒和四個孫子、女寧靜的守著阿媽的靈。

他們一直陪伴著阿媽度過快樂的後半生，點滴回憶都是阿媽在有限的時空環境下，如何教他們講台灣話，這些種種，已經化為空前絕後的迴響。

走到盡頭，祖孫三代同堂共同守護著阿媽的靈，這不就是最美麗的風景？

守靈，從此永存心中

守靈儀式在故鄉的台灣，依照傳統殯葬文化，勢必晨昏祭拜，在繁文縟節中走過。人在世時與逝後是完全不同，人世間一切的美與好已遠離，再好的佳餚美食只能在靈桌前供奉。治喪期間，再也聽不到逝者的聲音，也摸不到逝者溫暖的身軀。

西方的殯葬文化基本精神是同理的，培熙、阿青、阿傑及兒孫們同樣用著最真誠簡單的方式來對待賽西利亞的靈糧，心靈維持著與靈體之間的關係建立，直到火化成灰燼，永埋心底深處。

回溯過去，自 424 事件後，賽西利亞被迫移居北國冰天雪地的瑞典。當年，對台灣人來說，那是個遙不可及的距離，一個無法感受的國度。受制於黑名單，他鄉只能變故鄉，當年對故鄉思念之情，就此鎖入冰封的遙遠世界。她毫無抉擇的面對，她得蒙著眼睛一路往前走，必須開始過著正常的每一日。

　　遠離集體台灣人，在他鄉，賽西利亞憑著堅定的求生意志，堅強帶著阿青和阿傑獨立撫養。生存空間雖說極限，但生存環境卻是無限大，可以任情發揮她的才華與才能。

　　那些年來，她的人生經歷雖然有狂風雷暴，多年如一日的一天天過去。當年回不去故鄉是她最大的遺憾，也是她最努力的生活目標。終就以自己的行動，突破黑名單魔咒，得以年年由夫婿培熙陪伴著回家。

晚年罹患阿茲海默症

　　由壯年邁入老年，有一天，她自覺身體好像不對勁了，怎麼手指漸漸猶如不聽話的小孩，無力而不聽使喚。初使，還無法認知其嚴重性，但它說來就來，太突然了吧！一向自恃健康的她，無法面對真相的來臨，寧願選擇是錯誤的知覺，但該來的還是無法擋。

知道自己罹病了，對她來說真是莫大的震撼。這樣的事，在未發生前，任誰都不可能會有充分準備，她就這樣硬生生被擊倒在地了。日久，症狀愈來愈嚴重，阿茲海默愈來愈受縛著她，腦子內的記憶體不斷在流失，記得的事愈來愈模糊，最後的語言能力僅剩自己的母語，生活失去重心與焦點，行動慢慢喪失，而致需要被照顧。

　　阿青自從認知媽媽的語言表達僅剩母語後，內心一直不安。媽媽一向引以為傲的其他語言，將日漸喪失在她的語言記憶區，這讓阿青無所適從，也懊惱從小沒有獲得學習媽媽母語的機會；或是說，沒有掌握該學習的機會，又或許說，誰會知道如今的結果？從指縫間流逝的機會不會再來，只能後悔與興嘆。

　　阿青在向同父異母的弟弟台民表達時，無力抗衡內心的激動而淚流。為了彌補，阿青努力照顧媽媽，希望延緩媽媽的退化指數，不過，還是事與願違。

　　媽媽病重的那些日子，媽媽依賴著她，就像躺在搖籃裡的嬰兒望著她，阿青多麼珍惜和媽媽一起的每一分鐘。媽媽躺在病床上，阿青把握著機會跟媽媽述說心裡的話，可惜，一遍又一遍，和媽媽說的母語無法連線，常常當機，最後只能靠動作和情感的表達，內心的懊惱一遍又一遍的重複播放。

每個人的哀慟都有自己的節奏,「媽媽對不起」是阿青在心中對媽媽最常說的話語。

隕落他鄉的俠女

北國冰冷的空氣在 2018 年 1 月 30 日帶走了賽西利亞,因為大動脈病變無力挽回,默默在他鄉突然離大家而遠去。天地悠悠,她的離去已化成灰燼,一切卻毫無聲響。但世界仍是如常運轉著,鐘面上的指針沒有停格,時間持續在滴答,也沒有人意識到這位謎樣的女人已悄悄流逝了!

正當瑞典的親人守護著賽西利亞的靈而哀傷時,畫面移轉至加拿大溫哥華,我透過阿青的同父異母弟弟,也就是兒子台民的轉述,得知賽西利亞的死訊,內心激動且難過。

我和賽西利亞的連結充滿著戲劇性,也帶著常人無法想像的人性溫柔情誼。我們同為台灣黑名單份子,同樣是異鄉遊子,同時都在瑞典斯德哥爾摩市居住,非親卻情如姊妹,還有,二人為自才的前後任前妻,最後都以離婚收場。

完全無力招架這突如其來的訊息的我,深思著,人生無常,也何其戲劇化,賽西利亞的離去竟然這麼的無聲

無息，孤寂到令人無法喘息。但我深知，賽西利亞參與的 424 事件對台灣政治及台灣民主運動的重要性。

長期來，因為她遠離台灣人太久遠，也因為她的低調無法讓更多人看到。我擔心這樣的現況，她將會在近代台灣人歷史洪流中被淹沒。但台灣人勢必要適時的給予她應有的定位和尊崇。如何讓台灣人認識她，才是對賽西利亞最溫柔的對待，我這麼想著。

遠在加拿大溫哥華的我，靜心思考幾天後，展開行動。故鄉雖然遙遠，但拜科技之發達，我開始聯絡故鄉台灣與賽西利亞熟識，同時也參與各種海內外社會民主運動的婉真，請她幫忙尋找在台灣為賽西利亞舉辦追思紀念會的可行性。但最後得到的答案卻是否定的。台灣社會對 424 刺蔣事件認知仍不足，似乎僅止於學者專家的研究範疇而已。也僅對當事人黃文雄、鄭自才兩人有較為深入的認識和探討，對其他人則沒有被太多的描述。也因為大家都不認識她，又會有哪個單位可以出面來為她追思？

深深陷入痛苦深淵的我，只好透過文字來表達對賽西利亞的思念之情，一篇短文寄到《新頭殼》報社，編輯深受感動而全文刊登。

和樂融融的三代同堂，右起為晴美、Naima、日青、Alex、培熙。

晴美與日青的女兒 Naima 和兒子 Alex。

悼念阿美，賽西利亞，想要跟妳說說話

2018 年剛過的元月 30 日，台民來電告知妳已離開我們，我沒流淚，但很不捨，心中錯綜複雜、百感交集，徹夜難眠，如今，內心想要和妳的對話，也只能在天上人間了！

1970 年的 424 刺蔣事件是我 1973 年到德國工作後參加了同鄉會才第一次聽到，但你們這些前輩卻已經轟轟烈烈為台灣人做出空前絕後的偉大事蹟。自才自美出獄後返回瑞典，而你們卻因各種不同理由而結束婚姻。離婚後的自才，在 1975 年到德國參加了歐洲台灣同鄉會，在那裡我們相識了。

隔年，當我決定和自才共同生活後，第一次到瑞典，我主動提出要探望妳和阿青、阿傑二個孩子。後來妳親自告訴我，這樣的一個舉動，讓妳這個流亡的孤寂浪人深受感動。至此，我們有了異鄉被放逐的命運共同體的相同感受。

我們二家雖然獨立生活，但孩子們週末就在我們這個家，過年過節過生日幾乎都一起，甚至我和自才有爭執時，也是找妳談心。就這樣，我們情像家人又像姊妹，直到我們離開瑞典到加拿大溫哥華，而你們母子三人仍然持續留在瑞典，台灣無法回去，瑞典已成你們的家鄉。

溫哥華離北歐的斯德哥爾摩市十萬八千里，生活的重擔也壓得我們喘不過氣，當然就無法再和妳繼續享受這份親情。但我時刻記住瑞典還有家人在，特別我常常會告訴台民，哥哥和姊姊沒辦法像你一樣得到爸爸全心的關愛和照顧，以後一定要和他們保持良好的親密關係。至今，雖然身處異國，他們兄弟姊妹仍然有很好的聯繫和感情。

　　1990 年代的突破黑名單運動，我們一家被認定是最後最黑最不可能回家的人，當然包括文雄阿兄，但我們回家的心願和毅力是堅強的。在沒有接觸，也沒有約定下，1990 年 9 月我因父喪而跟國民黨展開爭取回家之路成功後，接著自才把台民送到日本，讓一個 12 歲的孩子單獨踏上完全陌生的父母的故鄉。

　　之後，自才也突破界限而回到近 30 年不曾踏過的鄉土。我們前繼後仆，各個擊破。沒有多久，在台北，突然接到妳的來電，得知妳也如願的回到久違 30 多年的家。也得知為了人身安全，妳和培熙先辦好結婚登記。之後，妳每年都會回去，我也每年期待你們的歸國，和你們敘敘舊。最後，哥哥文雄也踏上鄉土，台灣終於終結了黑名單！

　　2010 年在台北，我們約好見面時間和地點，而妳卻爽了約。待我再去電確認，才知道妳忘記了。培熙說不是只

有這次；我知道妳已經漸漸喪失記憶能力了。讓我回想起2006年，我和台民去斯德哥爾摩找你們時，妳就曾經提過，怎麼雙手開始覺得會抖，行動較不那麼靈敏，那時應該就開始有了輕微的退化現象了，沒想到速度竟然比我們想像還快。

這二年，阿青跟台民提到，很後悔當初年少時沒有跟媽媽學台灣話，以後當媽媽退化嚴重到只會聽母語時，也就無法和媽媽溝通了。我聽了後感到很心酸，但還沒等到這一天，妳竟然先走了，難道妳不想為難兒孫們？！

去瑞典找妳時，曾經和妳提過，該有人為妳寫傳記，不管是站在革命女性的角度或革命的獨立運動史上都應該要留下妳該有的歷史定位，因為妳仍然沒有在台灣民主運動發展史上留下痕跡，時候應該成熟了。但是，妳卻說，妳要自己來寫。其實，我那時就心知，妳可能心有餘而力不足了，只是，還是尊重妳的想法，很後悔當初沒有堅持。

我們都因為自才，生命有了交集，是他的妻子、親人，也同樣成為他的前後任前妻，命運有很多相同之處，同樣得在異鄉流落立足。但我羨慕妳有疼愛妳的培熙，還有兒孫陪伴，直到永遠……。

而我卻得獨自面對現實，生命對我來說還是有很多挑戰，但妳已經做完了功課。妳選擇了自才發表 424 新書後離開，可見這是該有的連結，也顯示台灣人應該要給予妳應有的歷史定位。

　　和妳說了這麼多話，有一些可能是妳不知道的。這幾天，人遠在溫哥華，我心急的電訊台灣的婉真姐，是否有人該為妳舉行追思會。我真心希望台灣人能透過追思會認識妳，但得知的消息是有其困難度。

　　很感動婉真姐特地跨海聯絡了美國的朋友，希望真的能有機會舉行追思會，那麼我們又可以再度相聚相敘，讓我陪妳走最後一哩路，希望來生我們再一起當台灣人，當好姊妹。晴美姐，安息！

享受航海的幸福生活。

晴美第一次攜夫返台的家人團聚，右起：培熙、晴美、多桑、
卡醬，以及小妹黃勝美夫婦。

之後，我又難掩悲傷，再度寫了一篇「槍與玫瑰」短文……

晴美，妳是永遠的勇者

1973 年，命運之神把我從小小的島嶼振盪到先進歐洲德國，這樣的轉折，改變了我的一生，由此而展開一段新的生命旅程。

1976 年，德國三年合約期滿，即將面臨回台。就在此時，認識了住在北歐瑞典 424 刺蔣案的自才，他歷經了刺蔣、逃亡、引渡、坐監、離婚等等不同際遇而落難於冰天雪地的北國。那次到德國參加全歐台灣同鄉會，我們在那裡相識相戀而結婚，這段無法可以詮釋的婚姻，維持 33 年終告結束。

當年，帶著二個稚兒在冰天雪地瑞典斯德哥爾摩市落腳的黃晴美，更是經歷一段漫長鶴唳風聲、驚心動魄、荊棘重重的生命歷程。此時，和自才離婚後的她，已遠離了台灣的政治風暴圈，回歸平靜的生活步調，教學，育子，為她、為她的孩子們，努力在異鄉築起一個安穩的生存空間。因為，毫無選擇的，故鄉台灣已無法有立足之地。

我決定和鄭自才共組家庭後，首次到斯德哥爾摩市，我請求自才安排我和晴美相識，理由很單純，我們有共同的孩子要相處，愛屋及烏，孩子們需要安定和諧的家庭生活環境。另外，重要的是在北國異邦，唯有幾個台灣人，大家彼此需要相扶持，更何況晴美和自才的緊密關係。其實，當時自才有一點難色，當年，他們的關係還處在不協調的緊張局勢。最後，還是見到了晴美。

這是一個美麗的邂逅，晴美事後提起，仍有感動。也因為如此，日後，我們兩家人各自生活，相互扶持，相互關懷，情同姊妹，又都是孩子們的媽媽，但其實，我的內心深藏著對她的一股莫名的敬意。

槍和玫瑰自古以來就是打破威權統治者的革命手段，柔性的玫瑰戰爭不易，舉槍更是殺頭革命，是非常時期的非常手段，成者為王，兩者各有其功能。經歷 424 刺蔣案後的自才和晴美都回歸了平靜的日常生活。遠離了台灣人的自才，猶如由一個小型監獄被放逐到了一個無形的社會監獄而自悶，一心掛念台灣，卻無法伸展，鬱悶不樂。

晴美背負著生活重擔，但堅毅的她沒有被擊垮，反而因為長期抗爭而累積無限的能量，建立廣闊的社會人脈資源。六○年代後的二大國際社會潮流，一是美國以金恩博

士建立的黑人運動，另一個是左派的社會思想運動，再加上女權運動也蠢蠢欲動，晴美處於這樣的社會潮流中，加上自小就有的公義人格特質，影響她日後的生命態度。

瑞典是社會主義國家，也是出了名的國際救援國家，當年南美洲和非洲的獨裁抗爭運動，引爆很多政治難民。瑞典的 AI 救援組織行動力強，搭配政府的力量，收容了很多政治難民。自才和晴美就是在這樣的情境下，能夠在瑞典得到保護，平安生存。甚至連我婚後被國民黨取消護照，也即時被收為政治難民。

但自才被迫引渡至美判刑，也因為瑞典政府的錯誤政策，而導致民間極大的反彈和抗議，晴美當年受到民間救援組織強力支持和援助，還有她堅強的意志力和行動力，才能完成這波的艱困浪潮。或許是基於對瑞典社會的回饋，晴美日後積極參與社團，尤其是國際救援組織的行動。

在我的婚姻生活中，尤其是在瑞典的日子，不知道是生活的重擔或不想回憶，424 的案件成為隱性的自然生態，在家庭中，沒有人提，我也不曾問過。我只知道她要承擔夫婿和大哥所留下的沈重重擔，但不知道 424 那把沈甸甸的「革命之槍」曾在晴美嬌小的身軀內瀏覽過。更不清楚

她所負荷的重量有多深，心路歷程有多沉重。當她細心、鎮靜且成功的把槍交給行槍的大哥時，內心的感受又是如何？可惜，她沒有留下片語就默默離開了，這樣的一個勇者的情操，也許只有留待日後歷史的追塑。

在她後半生的浪跡生命，和台灣幾乎是脫節的，但卻心繫台灣。勇敢的她，在黑名單尚未完全解除之前，她默默著，成功的回到 30 多年不曾再踏進的國門，接著幾年，年年攜夫婿返家，享受鄉情和親情。可惜，命運捉弄，晚年失智，她和台灣的連結又被中斷，直到生命的終點。

晴美，她，是一朵壓不扁的玫瑰，永遠堅毅的矗立在我們台灣人心中，綻放著美麗的芳香！台灣人追塑她在台灣歷史上的定位是迫不及待的！

晴美與清桂，攝於 2006 年。

台灣人的追思

文章分享後，終於有人看到了，也終於有人願意承擔舉辦追思紀念會。一向為台灣獨立運動而努力的台灣中社社長廖宜恩教授答應全力支持，他不但認為要為賽西利亞舉辦一個別有意義的追思會，同時也要為她留下文字的紀念追憶。

2 月 22 日阿兄文雄，自才、葉博文夫婦、詩人李敏勇夫婦、陳儀深教授、前衛出版社林文欽社長、藍士博夫婦、莊程洋先生等人深入討論後，詩人李敏勇發揮他詩人的底蘊，將紀念文集定調為《天涯 · 人間 · 晴美》，寓義於晴美是一位以行動熱愛台灣的人間俠女，終因熱愛台灣而浪跡天涯。

追思紀念會於 2018 年 3 月 25 日在台北南海路的 228 紀念館舉行，對她來說，因緣際會能在 228 紀念館追思她的一生，頗具意義。也或許是冥冥之中的巧妙安排，也是她應有的殊榮。晴美的事蹟追憶，這時的她被看到了，雖然還是小眾，但終究還是會被重新認識，只要不被歷史遺忘，凡走過必留下痕跡。

在紀念文集中，阿兄 Peter 說：「阿美終於『轉去』了，1 月 30 日，因為大動脈病變，醫生不敢開刀。她雖然會四種語言，最後一小時左右，開口卻全是母語台灣話，

不知道她是不是已經看到去世多年的多桑、卡醬^註、兩年前去世的二弟，和比她早走正好 100 天的小妹？」

阿兄道盡了他對所有離去的親愛家人的不捨，令人感到心酸與難過。最後他又對阿美說：「預防想念妳時心裡太痛，我已經請阿青留下一小瓶妳的骨灰，將來要送回台灣舉行另一個葬禮。這回地點是法鼓山的生態葬草坪。比妳早離開 100 天的小妹已經在那裡，這樣，妳既可以回到故鄉，又可以和小妹在一起，我們也可以隨時去看妳們。妳說這樣好不好？Cecilia ？」

這段簡樸的話語令人動容與不捨！阿美已化為千風，在寬廣的天空翱翔。兄妹之情暫時隨著千風而離去，但阿美不在那裡，留存的是他滿滿的思念。

其實，在海外的台灣人比較認識阿美，也容易感受到她對台灣民主的貢獻，我和台灣來的婉真姐特地參加北美所舉辦的各場追思活動，在洛杉磯，舊金山、西雅圖、溫哥華巡迴舉辦，感動海外無數同為天涯流浪人。

註：多桑和卡醬是早期台灣社會對父母親的稱呼，特別是受過日本教育的長者。

賽西利亞一生獨立自主，堅強勇敢，為人所不敢為。

回首她的生命軌跡，步步都是當代女性的先行者。

在性別意識閉塞的年代，她自己掌握著生命的主導權，包括學業的追求，婚姻的選擇和人生的規劃。

她是一位平凡女性內在潛藏中的不平凡。

在男人們因害怕而遠離政治時，她卻主動參與了驚天動地的革命行動。當她的兄長及夫婿相繼因此案而被迫逃亡時，她扮演了重要的精神支柱，成了他們最堅強的後盾力量。

夫婿被引渡的官司中，她奮戰不懈，全力救援，獨力撫養兒女長大。

在她短暫的生命中，永遠保持著她簡單優雅，堅毅不屈的身軀，為我們樹立了女性最美好的典範。

晴美陪伴孫子 Alex 和孫女 Naima。

02 　竹塹之女

　　這一天，天光未亮，懷胎足月的卡醬躺在床上難眠，臨盆前的子宮不斷的由鬆變緊抽動著，緊縮的時間也愈來愈短促，莫非時辰已到？她搖醒還在睡夢中的多桑，多桑也警覺到了，他即時扶著卡醬下床。當她雙腳落地往地下一踩，在站起的當下，驚覺下體濕熱……

　　「哇！破水了」她說。

　　「趕快去請產婆過來」她繼續交待。

　　「趕快把我已經準備好放在櫃子內的產包和嬰兒衣服拿出來！」她又繼續說。

　　多桑緊張的手忙腳亂，不知所措，急急忙忙跑出門，在黑暗中騎著腳踏車找產婆……

平安夜佳音

　　當太陽升起的那一刻，陽光照進屋內，她呱呱墜地了。哭聲穿破晨曦，產婆小心翼翼的抱起小生命，高興報告是個女的，母女平安。那是 1939 年的平安夜那一日，正

當世人為了耶穌誕生傳唱佳音的同時，她降臨到黃家，報了佳音。

這個可愛的初生新生命，有著明亮的眼睛，是個活力飽滿可愛的小嬰兒。她排行老二，上面有個哥哥，雖然是女孩，還是為全家帶來無比的歡樂和期盼。新生嬰兒的哭聲不時穿破卡醬休息時的沉靜空氣，全家人守護著這個可愛的小娃兒，包括了家中的阿公、阿媽。

二歲多的阿兄文雄跟著大人的喜悅，懵懵懂懂的時而看著甜美的小妹妹，時而偷偷碰觸休息中的卡醬，不知道是在撒嬌，還是在宣誓原本在卡醬心中專屬的地位？但是可以確定的是，未來他不再寂寞，他可以有玩伴，甚至，他可以保護著妹妹了。

晴美，這是多桑和卡醬給的名。阿美依偎在卡醬身上，吸吮著那芬芳美味的乳汁，當阿兄帶著口齒不伶俐的口吻叫著阿美時，阿美總是滾動著那對明亮的小眼睛，咿咿呀呀張著大大的嘴巴，舞動著雙手雙腳，顯示著她的欣喜。她特別喜歡阿兄的逗弄，這時，他們已經建立好彼此的手足關係。

兄妹兩都出生於 1930 年代，新竹州的新竹頭前溪湳仔（湳雅），這也是他們的老家。

阿公和多桑

　　新竹洲新竹頭前溪的黃家阿公是個農夫，農閒時兼做土水（水泥工），在當地也是出了點名氣的土水師。日據時代很多家庭因為家計的需要，絕大部份無法讓子女就學，尤其是鄉下。阿公雖然沒有上過私塾，因為不喜歡日本人，也不想學習日文，但還是勉強的把多桑送去學校。

　　多桑自小聰明伶俐又乖巧，在校表現優異，常常是第一名的班長，深受老師喜愛。多桑小學畢業前，家中因食指浩繁，實在無力負擔，加上阿公自小就有的信念，不想讓孩子讀太多「狗仔冊」，這是來自一般社會很多人對日本殖民的執著看法。

　　阿公不允許多桑再繼續升學，讓多桑很失望，學校老師也感到惋惜。不被允許繼續升學的多桑正為了這個問題而感到焦頭爛額之際，突然天上掉下來一個禮物，自此改變他的一切命運。

　　一位師執輩朋友珍惜他的才華，知道他的困境，看到了他的哀愁，竟然答應給他 5 塊錢去報名投考，讓他感動莫名。於是他在緊張驚喜中瞞著父母，偷偷跑到台北，參加創立於 1917 年的台灣商工學校（現今開南商工）的招考，也幸運考上了。這樣的結果，不但轟動整個學校，

全家福 (1)，後排左二為
黃晴美，左三為黃文雄。

孩童時期的全家福 (2)，後排右二為黃晴美，左一為黃文雄。

甚至是當時頭前溪第一個即將上台北唸中學的學生，因而轟動全鄉。

這是多桑生命的轉折。

既成的事實，大家無不歡欣，唯有阿公動怒多桑的冒然行動，仍然不為所動的反對多桑升學。多桑一下由天堂又掉落地獄，痛苦莫名，欲哭無淚。待他冷靜後，找來恩師和長輩親友勸說，無奈阿公還是不為所動。最後，公學校的日本校長穿著文官服，掛上佩劍，親自拜訪父母，這下，不知是礙於面子或真的感受到了多桑被師長肯定的才華，阿公終於點頭讓步了。

一個農夫兼土水師父的兒子，要如何攀爬立足？唯一能展現的就是人品養成和努力不懈，這是多桑對自己的要求，也是他人生目標的座右銘，而他也真的一生如此努力邁進。

卡醬是新竹內公館大家族林占梅長孫女

新竹內公館林家發跡於清朝，從福建同安鄉歷經幾次搬遷，由七世祖之子（林占梅的祖父）奠基於竹塹。林家由貿易起家，並承辦全台鹽務而累積龐大財富，與北竹塹的鄭家並駕為當時竹塹地區的首富。

到了林占梅世代，財富雄厚的林家，慷慨任俠，濟困扶危，喜愛詩詞書畫，極受鄉人愛戴。但林占梅體弱多病，得年 47 歲，幼兒也夭亡，加上清政府割台給日本政治的巨變，竹塹內公館林家因此風光不再，令人不禁唏噓。

　　卡醬是新竹內公館大家族林占梅長孫女，家世雖沒落，但林家之後仍然帶著文儒之雅氣息。卡醬從小既美麗又聰慧，小學期間都是班長，日文演講比賽總是得第一名。

　　上完女中後，雖然沒辦法再繼續升學，但她仍選擇到第一信用合作社任職工作，（日治時代少數受過高等教育的女性，畢業後，往往礙於門風，大部份的人還是不會出社會任職）。

　　一個農夫之子受過當時的高等教育，學識品格修養極佳，獲得老師極度讚賞。大家閨秀下嫁土水師兒子的愛情故事，很經典的發生在阿美家。早期男女授受不親及階級意識形態濃厚，這段奇蹟式姻緣的建立，歸功於各自從小的努力表現而受師長信賴，是靠著共同的老師做媒，自由戀愛而結婚。交往期間，多桑總會利用工作較不忙時，在卡醬下班前，守在合作社外，等著卡醬下班，倆人漫步在回家的路上。

大學時期的晴美（左），與相差八歲的妹妹勝美（右）。

當時，多桑 22 歲，卡醬 18 歲。多桑和卡醬的結緣，在門風閉塞、男女授受不親、門當戶對的 30 年代，可說是舊有思維的蛻變。而他們也勇於打破傳統觀念的束縛而接受新思潮，小心翼翼守護著他們得來不易的情感。多桑和卡醬的帶頭，打破傳統社會結構及階級懸殊的包袱，無形之中也影響到往後兒女新思維的建立。

自此，漂亮優雅的卡醬，化身家人心中永遠的守護神，一生勤勞不懈的守護著全家。

台灣的政治環境

二戰末期，台灣成了美軍轟炸的標的物之一。在台灣的上空中，空氣中隨時都瀰漫著烽火煙硝味，左鄰右舍三不五時互相流傳著美國又要來轟炸了。對一般人來說，在市內往往躲不掉空襲時帶來的損傷，很多人只好攜家帶眷「疏開」往鄉下的地方躲空襲，為了安全，有人一躲就是幾年。

「空襲」、「疏開」這二個名詞成了當年父執輩們心中永遠的痛。因為空襲，家園頓時被破壞；因為空襲，家人頓時消失……。多桑和卡醬眼看著家裡成員增加，戰火不斷，空襲警報隨時在響，為了一家人的安全，只好帶著孩子回湳仔老家疏開避難，也曾隨著多桑的工作而疏開到苗栗銅鑼躲空襲。

鄉下避難成了孩子們的天堂，大人們擔心的打戰空襲，並非天真無邪的孩子所能理解。鄉下廣闊的天空和大地，才是孩子們真正在意的。文雄阿兄時常帶頭灌蟋蟀、釣青蛙，玩捉迷藏、跳橡皮筋，他還會自己動手做彈弓打鳥，阿美和弟弟跟在後面悠遊自在玩耍，時光在歡樂無邪笑聲中日復一日，恐怖的戰爭，並沒有留下太大的影響。

　　1945 年 8 月 15 日，日本向盟軍投降，結束二次世界大戰。戰後，中華民國政府由蔣介石接管台灣，任命陳儀為台灣省行政長官，並在 1945 年 10 月 25 日陳儀代表蔣介石接受日本投降。戰火波及的台灣，千瘡百孔，急待修復。

　　剛從日本殖民解放的台灣社會，對於中國充滿「回歸祖國」的喜悅和期待，尤其是知識份子。但因為文化和社會結構的不同，加上國民政府以「統治者」之姿，行強制高壓手段。這期間，台灣民眾對中華民國政府的不滿情緒逐漸加深累積，官與民之間和族群的矛盾導致緊張情勢升高。再加上大量物資被送往中國打內戰，台灣物資嚴重潰乏。

　　228 事件的發生，導致大量台灣人受到逮捕、槍斃或失蹤。其後各地展開清鄉運動，這次事件深深影響台灣地方政治，加深族群隔閡與對立，隨後又實行長期戒嚴並進入白色恐怖時期。

多桑是從事水利工程的文官

多桑一生 92 年歲月，橫跨日治和蔣家統治，歷經了殖民統治與台灣現代化的變遷。日治時代，多桑由於表現優異，21 歲就取得文官資格，因為是少數的台籍文官，一時成為鄉里間佳話。

多桑是一個狂熱的工作者，工作就是他的日常。做水利工程建設的他，永遠隨身攜帶計算尺和筆記簿。他曾經參與一項水利工程，利用高度落差，讓水下山，過溪又爬上山，灌溉本來就只能種茶的旱田而聲名遠播。

當時阿兄年紀還小，但他們記得很清楚，無論走到哪裡，都有村人介紹他們是「那個會讓水爬山過溪的耀輝仙仔的兒女」。這時，他們小小年紀，臉上總會帶著一絲絲的驕傲，也會暫時忘記他們對多桑幾乎隨時缺席，而卡醬必需要獨立持家辛勞的微詞。

一生以「工程技術者」為傲的多桑，在「重歸祖國」後，卻永遠搞不懂，為什麼國民黨來台以後的台灣，連最簡單的馬路也鋪不好。多桑從日治時代開始，一直在公務體系做工程建設，實在無法融入新政府的官場文化，也拒絕加入國民黨。多桑處於那種工作環境，猶如置身叢林中的小白兔，處處都是陷阱。由於職場表現優異，又不妥協官場文化，總有人好意提醒小心，但他們卻沒有想到，事情真的發生了。

卡醬（中）、妹妹勝美（右）與晴美（左）。

這一天，事情來的又急又猛，調查局人員一早去自來水處帶走多桑，驚動了所有家人。一開始他們完全無法理解事情發生的前因後果，經過一陣折衝，才知道有人串通收買多桑官派的秘書，為的是逼迫他放棄自來水廠廠長的肥缺，這個「學不會現在的做事方式」的廠長被陷害了。

接下來就是一場驚心動魄的救父行動。

黃家兄弟齊心救父

1964 年，阿美已經在美國匹茲堡大學進修，阿兄也已經拿到美國匹茲堡大學獎學金而準備要出國。當阿兄得知多桑被吉普車載走時，相當驚恐，從台北趕回新竹，才知道多桑被調查局人員到公用事業管理處搜索逮捕。

救父行動由阿兄及其他兄弟奔走，阿兄為了不讓隻身在外的阿美擔憂，第一時間沒有跟她提起多桑的事。奔走過程中，處處都有陷阱，處處都是驚恐，包括司法黃牛的介入，警總人員邀請吃飯等等。

多桑在一審被判貪污罪一年六個月有期徒刑，上訴後雖被改判無罪定讞，但是全家人高興不起來，因為訴訟程序使家裡負了債，多桑也因此事身心受到嚴重打擊。在美國的阿美和後來赴美就學的阿兄都要想辦法寄錢回家，幫忙還清債務。復職後的多桑，只象徵性的工作幾

天後，結束他一生所奉獻的公務生涯，辭職轉到吳火獅先生的大台北瓦斯公司擔任工務經理。

支撐全家的卡醬，是孩子們的重要依靠

工作永遠第一的「建設狂」是阿兄對多桑的說法，是他們一家的戰神。雖說尊敬欽佩大於批評，卻也永遠參雜著對卡醬的不忍和同情。而背後那個偉大支撐一家的卡醬，才是她們兄弟姊妹的重要依靠和支撐力。雖然多桑把薪水原封不動交給卡醬，但柴米油鹽醬醋茶，加上家裡五個孩子的學雜費等等，經濟上就是非常拮据。

窮則變，變則通，卡醬靠著她的智慧和裁縫技巧，取巧的將家中大人穿舊的衣服，改為小孩的穿著。這不但讓她發育中的小孩隨時有適當的衣服穿，也不致太寒酸，最重要的是可以省下不少的衣物開支。

這樣的做法，也讓卡醬找到一條替人家修改、做衣服補貼家用的通路。這些額外的工作，阿美和阿兄成為最得力的助手。阿兄常提到幫卡醬「燙布邊」是他最辛苦，但也是得意的工作之一。

卡醬甚至還在宿舍圍牆內整地種菜，提肥水的沉重工作往往落在阿兄身上，一家人全力合作。卡醬就這樣辛苦的把三男二女拉拔長大，而且個個表現優秀。阿美也常提到在沒有玩具的年代，家裡的菜園是他們兄弟姊妹

的後花園，是玩樂的天堂。卡醬在這樣困難的情況下持家，得到鄰里讚美，獲得了模範家庭的「模範母親」榮耀。

阿美常舉例說，如果把她們的家看做一間面對經濟危機的工廠，爸爸是一心想著生產優等產品的廠長，媽媽則是每件事都必需設想週到的總管，阿兄扮演總管的軍師和帶頭示範的工頭，其他的孩子是分工合作的工人，非常貼切的形容。

叛逆，不甘被重男輕女觀念束縛

跟頑童式的阿兄個性不同的阿美，自小乖巧溫馴，表現優異成績，就如卡醬小時一樣。阿美很習慣不讓父母擔心，凡事都會安靜說是，這和阿兄偶爾會逃學去溪邊釣魚有截然不同的表現。但她在乖巧背後，卻隱藏著強烈的叛逆因子。

有次，春暖花開時分，星期六晚餐後的夜晚，天空中的晚霞仍然帶著餘暉，全家人飯後在聊天，多桑突然提出了他可能隱藏內心許久的看法，希望阿美以後唸公立師範學校。多桑才一出口，阿美的腦袋瓜頓時轟然巨響，一臉驚訝和茫然，眼神中全是問號。

空氣中頓時多出幾分凝結與不自然，她生氣地哭了……。她自認，一定是多桑重男輕女的觀念所導致，不讓她上大學。

少女時期的晴美。

收入有限，食指浩繁，是當年社會環境的現況。阿美很清楚知道早期社會重男輕女觀念普遍，受過高等教育的多桑和卡醬也許仍然無法擺脫傳統觀念的束縛，也或是多桑只是在試探阿美的底線。不管怎樣，阿美絕對無法接受。

內心深處的叛逆因子在她心中亂撞，反覆思索，她想到了如法炮製當年多桑偷偷報名參加考試的前例。於是，她找到同學的姊姊，偷偷幫她報名台北二女中（現今中山女高），而她，竟然以前幾名的成績考上了。最後，多桑只有把話收回，自此沒有再提。

這樣的叛逆因子也發生在新竹女中求學時；早期國民黨為了要吸收更多的黨員青年軍，往往利用學校教官或訓導處軟硬兼施，甚至威嚇手段迫使學生加入國民黨。

1958 年高三下學期，訓導主任也看中了她，要她入黨，她都會用軟步來拖延。有一次，主任叫工友來找人，阿美心生不滿，於是和工友玩起捉迷藏，她瞬間由另外一邊窗子逃走了。最後，還是在老師的魔掌下乖乖就範領表填寫。但又使出另外一招，她說爸爸是自來水廠廠長，也是國民黨員，她會請自己的爸爸當推薦人。

經過一再拖延，這件事也因為要畢業而逃過，她自嘲她是「惦惦吃三碗公飯」的反抗者。

文雄阿兄是影響晴美最深的人

「阿美，這個身高 154 公分不到，大半生看起來像初中生的嬌小女生，要是有哪一點真惹了她，這個乖女兒和好學生是有這種堅持己見的爆發力。」阿兄時常這麼說。

阿美自述她有一個快樂、自由自在的童年，阿兄只大她 2 歲，對她疼愛有加，影響她最深。他不但教她如何享受大自然環境和用不需花錢的方式即時行樂，也時常帶著他們弟妹去住家附近的頭前溪釣魚、捉蝦、甚至還會在溪邊烤捉到的小鳥……。

阿兄也常教她觀察分析事情，她說，如果沒有這個「阿兄」，就無法成就今日的我，兄妹之情表露無疑。

他們兄妹一家人由阿兄帶頭學習英文的能力更是超越學校所學。高中時，阿兄聽從了一位美國修女的建議，與其花太多時間在讀文法，或只是埋頭練習閱讀，倒不如把許多例句背熟、記熟，文法自在其間。

於是一家人省吃儉用集資合買了一套當年非常流行但昂貴的「林格風」英語唱片練習聽講。這套唱片當時是由四海唱片行出版、號稱「學英文不求人」的英漢大字典，對喜愛學習英文的人或是想去美國留學的人來說是很好的學習教材。

全家人也因此都沉浸於這套另類「沉浸學習法」，這樣的學習法便宜又好玩，阿兄常這麼鼓勵的說。他們兄弟姊妹的英文聽、說、寫能力比當時的英文老師，甚至教授都強。阿美的小妹後來居上，完成台大外文系後，從事英文翻譯工作。

阿兄又說：「阿美性格的另一點，是她低調語不多，但善於聆聽，只要鎖定目標，便不惜全力以赴，而且是『細心』以赴。」

例如：她的勇敢表現在高二或高三那年，有位他們喜愛的陳老師，因別的政治案件被情治單位三度「約談」。被關時間一次比一次長，親友沒人敢看望師母。第四次再度被捕時，他們兄妹決定扮成初中生偷偷溜去探望師母，成功完成危險的探望計謀。就如後來他們在刺蔣案中所扮演的合作角色一樣，默契十足。

以優異成績師範大學畢業、取得留美獎學金

時間不停歇的移動中，阿美由童年邁入青春期，考上台北二女中的計劃最後因她體諒辛苦的多桑和卡醬而放棄了，回歸她原來的日常。多桑和卡醬咬緊牙根讓她讀了 6 年的新竹女中。這期間，她努力爭取到獎學金，減少父母的負擔。

右起：晴美、文雄、卡醬黃春貴女士、勝美。

刺客的老爸

黃文雄的父親黃耀輝先生。
（翻拍自《刺客的老爸》封面）

新竹女中優異成績畢業前，她潛意識內的叛逆因子又蠢蠢欲動。這次卻在沒有外在因素的趨動下，自行貫穿情節，追溯到早前多桑要她報考師範學校的前因後果。有時她想得入神，甚至妄想她不是父母的親生女。自己望著鏡子，眉間浮出幾道猜疑的皺褶，她羨慕的想著，有人疼的孩子，與自己多麼不一樣！

這一想，她突然意識到，和世界存在著某種距離，她孤獨的就像窩在角落裡孤寂的老鼠，試想著有誰會垂下一條救命的繩索來拯救她？她為這樣的處境發愁著，就想一不做二不休，乾脆離家出走算了。

幸好，經過已就讀政大的阿兄耐心分析，才恍然清醒，接受公費的師大英語系。雖然沒有如願進入第一志願的台大外文系，但她後來得曉台大重文輕語的教學政策，在聽說寫方面略居下風，讓她就此寬心於師大。

她專心在師大的語言教學系統，這個系統是採取密西根教學法，有高科技的語言實驗室，還有很多外國師資，她自此打下很好的語言教學技能，一生和語言教育結了不解之緣。

為了補償撫慰多桑和卡醬她「偷考北二女中」事件所失去的面子，一向溫順而心思極細柔的阿美，也盡力在師大就學展現超高的表現，用以安慰父母。後來她能拿

到留美獎學金，聽說她的英文自傳寫得特別好是因素之一。師大英語系的訓練，也成為她流亡瑞典時，因為有語言教學的專技，學習瑞典語文很快就上手，順利取得瑞典政府教導新移民瑞典語文[註]的教師資格，從此以此為生，獨立撫養二個稚兒。

師大畢業後，帶著既期待又興奮的心情，回到母校新竹女中教高一學生的英文，開始了她人生的第一個職場生活。六年在新竹女中求學過程是快樂的，再度重回母校任教，以前的老師們突然變成自己的同事，內心雖一時無法適應，但對她而言，那是成熟的象徵。

她已經蛻變成人，這世界一下子變得光亮，同時也表示自此她可以共同承擔家中的經濟。於是她期待著每個月領薪資時，可以原封不動交給卡醬，看到卡醬臉上的笑靨，可以想像那時的她，內心應該是驕傲的、滿足的。

以為這美好的日子就會如願的在時光隧道中行走，沒想到內心那股不安於室的種子又蠢蠢欲動……

註：瑞典新移民語言教育，包括成人與兒童部分。

成長與求學。

黃晴美師大畢業學士照。

新竹女中任教時期的黃晴美。

03 留學風潮

　　台灣近代史的政局重大變化始自於 1945 年結束第二次世界大戰，駐日盟軍總司令道格拉斯・麥克阿瑟發布「一般命令第一號」，指示在台灣的日本軍向中國戰區最高統帥蔣中正投降，其後由中國占領代管。

　　而後，中華民國政府卻擅自更動接管計劃名稱與執行，轉而積極宣傳是「台灣光復」。中華民國政府於是在重慶市成立台灣省行政長官公署及台灣省警備總司令部臨時辦公處，特任陳儀為台灣省行政長官。

　　中華民國政府來台後，官紀敗壞，對台灣政治歧視嚴重，多數台灣人精英被排拒在外；在經濟上，計劃經濟政策造成通貨膨脹與經濟危機，失業人口擴大，社會問題叢生；文化上，戰後台灣與中國存在明顯隔閡，受日本文化影響甚深的台灣人被指責是「奴化」，而被要求「中國化」。

　　這期間，台灣民眾對中華民國政府的不滿情緒逐漸加深累積，官民之間和族群之間的矛盾導致緊張情勢升高。

再加上大量物資被送往中國打內戰，台灣物資嚴重匱乏，甚至發生 4 萬舊台幣換 1 塊新台幣的通膨危機。

1947 年 2 月 27 日，因專賣局查緝私菸，打傷菸販林江邁、誤殺陳文溪，激起群眾久積的憤怒。隔日，市民罷工、罷市、罷課，遊行到專賣局抗議，前往長官公署請願，但遭到衛兵以機關槍掃射。導致抗爭與衝突全面蔓延，台灣各大都市爆發暴力事件，軍隊開始開槍鎮壓，死傷多人。

為了解決爭端、消除民怨，各縣市民意代表、紳士階級組成 228 事件處理委員會，希望藉由政治交涉居中協調，並提出政治改革要求。另一方面，各地民間也組成武裝部隊，企圖以武力達成政治改革要求。陳儀表面上妥協讓步，但卻將此事件視為「叛亂」，向中央政府請調援兵，各地展開大規模軍事鎮壓，群眾死傷慘重。

228 事件導致大量台灣人受到逮捕、槍斃或失蹤，其後各地展開清鄉運動，這次事件深深影響地方政治，加深族群隔閡與對立，隨後又實行長期戒嚴並進入白色恐怖時期。228 成為歷史的禁忌，直到 1980 年代社會才又開始突破禁忌，而形成 228 平反運動的討論和抗爭。1995 年，時任總統的李登輝在台北二二八和平紀念碑落成典禮上，以國家元首身分代表政府向社會致歉。

1960 年是台灣的政治環境正逢白色恐怖風聲鶴唳的年代，整個社會充滿既恐怖又苦悶的氛圍，尤其是知識份子，大家都在尋找可能的出口。

美蘇冷戰期間，美國為了爭取國外的優秀人才，提供了大量的獎學金給外國學生，包括台灣。因此誘發了知識份子去美國的起心動念。去美國留學成了他們當時最好的選擇，也是最好的出口。

飛躍的留學美國夢

「～來來來，來台大，去去去，去美國～」台灣的大學環境於是充滿了一股非常強烈的留學風順口溜，尤其是台大。

這樣的風潮對某些不滿當時白色恐怖的政治環境者來說，名義上是出國留學，但實際上是一種另類的移民。這樣不但可以逃離台灣的獨裁統治社會，也可以去追求一個夢想中的自由民主，追求自己的幸福。

阿美周邊親近的同學或家庭環境較佳的友人，在這波留學風潮中相繼申請出國。她也嗅到了這股風潮的來臨，雖然家庭環境也許不允許她築起這道美夢，但卻也阻止不了她躍躍欲試的決心。這時，她內心的叛逆因子又來敲門了，「起碼我要證明我不會比別人差」她這樣想著。

留學美國時期。

　　阿美聽從了內心的呼喚，決心一試，努力向前，最終
如她所願，申請到美國匹茲堡大學社會研究所的獎學金。
她做到了，也證明了自己的能力。

全家人得知她如願的拿到獎學金，莫不歡欣鼓舞，尤其是阿兄；他期待阿美能到外面看看世界，開闊視野，倒不見得一定要拿到什麼好學位。阿美一想到可以展翅高飛，心中充滿了無限的期待與憧憬，她希望學成後回來台灣，可以在學術界有所發揮。

　　1960 年代台灣社會普遍都是生活在貧窮線下，公務人員家庭雖有糧食配給，但仍然不足以餵飽人丁口糧，更不用說在鄉下地區。一般家庭能夠就學已不易，哪還能負擔出國的種種開銷。

　　除了一些家庭經濟比較優沃的學子可以不愁是否有獎學金外，幾乎所有的留學生都一定要爭取到獎學金才敢築夢。

　　除此之外，一張機票要價 2000 美元，那時是 1 元美金對新台幣 40 元的年代，還要有保證金，這些都是奢侈的負擔。有人付不起昂貴的機票錢，只得花 2~3 個月時間搭貨輪，費用大約 500 美元；有的母親還會把當年嫁過來時的黃金項鍊或戒指拿去賣，才能完成兒女的美國夢。

　　阿美拿到了獎學金，她可以幸運的不用繳交出國保證金，但出國的機票從哪裡來，還有旅費呢？「現實的條件可以讓我單飛嗎？阿兄和弟妹們還要上學，多桑和卡醬還是需要我的薪水支助，這樣自己會不會太自私？」

種種現實的問題困擾著她，煎熬著她的身心，於是她一下又從天堂掉落凡間，難道這得來不易的留學夢要放棄？

　　於是，她找到阿兄討論。阿兄說：「一定不要被這個困擾拖曳，不要讓它成為往前走的負擔」阿兄開闊的思維，一直都鼓勵她到外面看看世界。面對的現實問題總是可以迎刃處理的。最後多桑也答應她，可以先向親友借貸不足的所需費用。阿美也計畫每個月要想辦法從獎學金中省用，然後寄回償還。阿美確認了出去美國留學的方向了。

　　方向確定後，阿兄卻又擔心他這個單純又不喜歡和人爭的小妹吃虧，三不五時由台北回新竹，兄妹二人常開講，身為兄長無不耳提面命。阿兄要阿美凡不知道的事不要害怕問人；還有出外須靠朋友，所以就要好好交朋友，這是阿美記得最清楚的二件事。

　　全家人為了她的出國而忙碌，尤其是卡醬；她既興奮又感驕傲，同時卻也擔心著，她那個154公分不到的女兒，要去到個個都是彪形大漢的「巨人國」，怎能不擔憂女兒可能面對衣服穿著的困擾？

　　於是她展開裁縫大戰，靠著自己一向為別人做衣服的技巧，一定要讓女兒無後顧之憂；於是她帶著阿美去布

店，先看時裝雜誌挑樣、買布、量尺寸、剪裁、縫製到完成，全部一手包辦。

等一件件漂亮的衣服完成後，要試穿時，阿美興奮的感覺就像在時裝走秀表演，這是她一輩子都忘不了的事。完成的衣服就一排一排的擺放在地上，等待裝箱。媽媽的朋友來祝賀時，看到地上的衣服，直說像在「辦嫁妝」，這讓阿美感到一陣羞澀，卡醬也許也是以這種心情在為女兒縫製吧！

她答應了多桑和卡醬，三年後就回家孝養父母。

阿美自去美國留學後，她在進修的獎學金中省吃儉用，第一學期就把向親友借貸的機票錢還清。第二學期幫阿兄買了去美國留學的機票，還幫忙分擔因營救多桑時訴訟所花費的林林總總開支。

阿美從原本沒有想到要出國留學，到突然獲得家人的認同及支持，就在短短的一個暑假內發生；申請著獎學金、連絡學校、找資料、初步了解美國這個國家及社會、匹茲堡城市風貌，接著考託福、申請護照、簽證、找機票……等等。

所做的一切都是生平第一次發生，處理這些事已把阿美累得無力思考即將離別的心情和情境。

卡醬為晴美親手縫製的
漂亮衣服。上圖左邊的
黑色洋裝即為結婚所穿
的嫁衣。

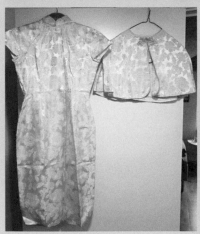

出國，在當年反共抗俄的時代是不被政府允許的，除非公務、留學或領有就職證明，因此，小小的松山機場就是出境國門。松山機場是當年唯一的出國場域，越過機場跑道，就可聽見遠方那不可預知的未來所響起的號角，正向著你揮手招搖。

機場外，時常可見到內心帶著幾許惶恐和充滿幸福期待的學子們，正依依不捨跟父母和家人的離別情景；有面對急於高飛的兒女，驕傲又寄望、驚悸又驚恐五味雜陳的父母，還有充滿希望之情的手足的祝福……。

飛機往上空遨翔後，飛離了國境，就逐漸消失在家人視野中，帶走的是追求幸福的符號。

出國的那一日終於來到了！

在機場，阿美忙著跟家人惜別和通關的種種手續，無心整理離別的情緒。一直到上了機，繫好安全帶後，突然往玻璃窗望出去，想要透過明鏡的窗口，尋找多桑、卡醬和送行的兄弟家人，這時才想到家人已經不在視線之內。在深邃短暫的思緒中，心頭一陣酸痛，眼淚不聽使喚的直流下來。

緊接著飛機往上飛後，在高空上帶著淚眼，往下鳥瞰，第一次看到美麗的台灣島，心中不禁自問：「我是真的要離開這個生我養我的所在嗎？真的就離開我親愛的多桑和卡醬及家人嗎？」

內心五味雜陳，百感交集，在交雜模糊的淚眼中，飛機已悄悄的遠飛，遠離了她的家園、遠離了她的家人，直奔那個遙遠不可知的未來。

阿美就在這股留學風潮中，帶著滿滿的期待和夢想，還有家人的祝福，飛到美國匹茲堡大學進修。答應多桑和卡醬三年學成就返國的諾言，也因為她自己創造另一段更為精采的生命轉折而不曾實現，直到 28 年後。

愛情來敲門

正式邁入美國留學生生活的阿美，忙碌的功課加上對生活環境的適應，無暇有更多的心情眷戀親情。她正享受著美式的自由學術風氣，活潑的學習環境讓她感到學習的樂趣，這一切都這麼的美好，她很快就喜愛上了留學生活。

照慣例，一年一度的台灣留學生歡迎會在一個老資格學長的家中舉辦，當天，阿美抱著幾分新鮮感及期待的不安心情受邀參加。新舊同學都來了，舊同學熱情接待著新同學，氣氛非常熱絡。

阿美到了後，大家用中文相互介紹，她發現突然身邊站了一個年輕人開口用台灣話和她交談，雖然聽懂他講什麼，但因為平時習慣用中文與人交談，一時舌頭卻打了結，無法開口和他對談，那 3 秒間猶如過了 3 分鐘。

那一晚，神奇的只有台灣話，那一晚，神奇的感覺只剩他們二個人在交談。

　　那個神奇只講台灣話的青年姓鄭叫自才，台南人，1962 年成大建築系畢業當完兵，抱著一個遠大的建築師夢，飛越太平洋來到了這個鋼鐵大城匹茲堡著名的卡內基美隆大學讀都市設計，兩間大學就在同一條馬路的兩側，愛情的路上也就發生在這兩側的學府間。

　　愛，無可言喻，沒有選擇！就在新留學生的歡迎會上發生了愛的邂逅。

　　春去秋來，早到一年的自才在秋風寄語中有了愛的祝福，課餘或週末，他們約會在公園散步，或是聽音樂會，話語多到二個人都無法理喻。這一天傍晚，他們就在租屋前的陽台上聊天，不知不覺聊到深夜，等到要進屋時，大門已經被房東上鎖了，這一夜他們就在陽台上東南西北聊到未來，天漸漸光，鳥聲鳴唱，他們才帶著疲憊又歡喜的心境各自回家。

　　1963 年底，自才完成碩士學位，並在巴爾的摩（Baltimore）找到了一份工作，臨別時，他向阿美求婚了，阿美卻未應允。這個措手不及的終身大事不是在她出國前的規劃中，雖然有卡醬為她做的那麼多新嫁衣。但她還是給多桑和卡醬寫了一封信：

黃晴美給父母的家書

親愛的爸媽：

好久沒有給您們寫信了，您們好嗎？

最近有一件連我自己也想不到的事情發生了，是好事情，請您們別著急。

記得我曾在信上提過的那個讀建築的男孩子嗎？名叫鄭自才，台南人。自從一月認識以後，我們每週至少見一次面。談得很多，我從來不曾和男孩子那麼熟過。一開始，我就知道他很喜歡我，但我一直保持對待朋友或大哥的態度。

我發覺他這個人很可愛，對美術音樂懂很多，其他各方面的書也看得不少。要我多看報紙雜誌，碰到好文章就介紹給我看。不喜歡穿規規矩矩的衣服有如大哥，除非必要，不穿西裝。每天上學校都穿白運動鞋，卡其褲。好辯，要有充分的理由才能使他說我是對的。

不過他很關心我，連很多小地方都注意到。最重要的一點是，他懂得怎麼生活。6 月 3 日，他完成了論文的初步設計，自己要放兩個星期的假，要我到紐約看 World's

Fair（世界博覽會），還要到尼加拉瀑布玩。因為我不肯去，他覺得一個人沒意思，也沒去，留在匹茲堡陪我看書、看畫展、話劇、聽唱片。

這兩個星期過得很開心，對他的認識也更多，我發覺我自己也很喜歡他。上星期五（12日），我和他在陽台上談了一整夜，他要我答應明年春天畢業後和他結婚。

我很喜歡和他在一起，可是我不知道如果和他結婚以後會成什麼樣子，自己也不知道要不要。我說等9月他離開匹茲堡時告訴他，他說他願意等，不過到時給他的答覆一定要是肯定的，還笑我要等大哥來了問大哥的意見。

他的畢業論文（建築系的論文不用寫的，要實際做個設計模型、畫設計圖）要在8月底9月初才能完成。學校在6月的畢業典禮先給他學士學位文憑，明年6月再回來補拿碩士學位文憑（這裡因為學制的關係，任何學期都有畢業生，可是典禮一年只有一次。趕不上的，都先去工作。第二年才參加畢業典禮）。

他認為2年的時間認識一個城市已經足夠了，不想再待在匹茲堡。決定9月中旬到巴爾的摩工作（離華盛頓才半個小時車程，離這裡6個小時，是美國第六大城市）。有一家公司已經答應聘用他為高級職員，那家公司他很滿

意。他要求底薪 650 元，因為有一個老闆不在家，不能決定，現在正在等消息。

這封信真不容易寫，一個星期過去了，信還沒有寫成。

是的，這樣的家書真的是不好寫，她才剛安頓下來，這個愛情之箭射得也太快、太突然，完全超乎她預期。

不過，她也終於如數家珍一五一十交待她現有的戀愛滋味，袒露的心表達她的驚喜、矛盾、喜悅等錯綜複雜心境。還有面對婚姻不確定因素的惶恐，她寧可選擇等待，等待成熟時機、等待心智不被愛情矇蔽、等待父母兄長的首肯。

婚禮上，阿兄代表父母見證晴美的人生大事

1964 年，阿兄來到了匹茲堡大學準備攻讀博士學位，沒有人會想到，阿兄和阿美竟然是匹茲堡大學前後期的學姐學弟。

阿兄因為在政大研究所就讀而延後了兩年出國；後來因為多桑官司的問題，阿兄原本不打算出國；但最後還是決定到美國，一來可以省用獎學金，二來也可以做工賺美金，以償還家裡的負債。

阿兄的到來，也解開阿美對愛情婚姻的疑惑。由愛情到結婚是人生最美麗的一段風景。

1964 這一年，他們結婚了，就在初邂逅的匹茲堡。穿上卡醬裁縫的嫁衣，沒有華麗的鋪陳，只有簡單莊嚴的場景。婚禮的祝福中，除了朋友外，阿兄是她唯一的親人，阿兄代表多桑和卡醬見證了阿美的人生大事。

　　阿兄的出席也象徵著他們兄妹自小所孕育的手足情誼，也見證當年阿兄對剛出世的妹妹所產生的那份兄妹情懷。

　　婚後，結束了學校的學業，兩人搬到巴爾的摩展開了在異國的家庭生活。剛就職的自才和休學的阿美仍然過著猶如當年極簡風的留學生生活；租了一間沒有帶家俱的公寓，買了一個新的床墊放地上，沒有餐桌，也沒有椅子，就這樣過著雖沒有羅曼蒂克的氣氛但卻快樂的婚姻生活。

　　1965 年，女兒阿青來到他們的家庭。角色隨即由單純的女兒身份轉換成初為人母的阿美，滿心喜悅和期待。他們把女兒的名取自「晴」字所拆開的「日青」，延續著媽媽的生命象徵和意涵。

　　隻身在外的阿美，沒有育嬰經驗，也沒有長輩的協助，角色的轉換很快的只靠著一本當年非常暢銷，由 Dr.Spock 所寫的育嬰書把兩個孩子帶大。

　　1968 年，兒子日傑出生。

結束真正的留學生涯，結婚、生子的家庭生活，阿美也正式邁入另一段生命的足跡。生命的轉折，讓他們兩人在時空環境創造一段史無前例，改寫台灣前景的不凡事蹟。

04 蛻變

　　1960 年代從專制鎖國的「中華民國」出走的青年學子
到了美國，看到的美國是剛衝出保守的 1950 年代進入的
六〇年代。正處巨大變動中的美國，到處都是各種社會
運動；民權運動、反越戰運動、反核武運動、婦女解放
運動、生態運動、反南非種族隔離運動等等，並且擴及
其他國家而成為著名的「六〇年代」。政治上，連詹森
總統只能被迫放棄連任，法國總統戴高樂被迫離開巴黎。

　　在世界潮流衝擊下，身處在那個時代的美國，沒人能
完全不受影響，特別是一個從國民黨統治下出來的年輕
世代的知識份子，無不受到美國這種巨大變化的衝擊和
影響，海外台灣人運動就是在這種局勢下應運而出。

　　阿兄說：「在這樣局勢的變動中，改變了不少人的生
命史和政治成長史，阿美就是值得一寫的案例。」

　　阿美在師大英語中心已經專修到一個重要做語言學問
知識的工具，在匹茲堡研究讀社會學一年，雖然沒有拿
到學位，但上帝卻為她開了另一面窗。除了成家立業、
養兒育女外，她還蘊含著未知的能量，看到了更寬大的

世界，包括國際局勢和台灣政治情勢的變化。她一路從紐約的這一頭到另外一頭，經過生命的各種轉捩點，孕育出一個無法逃遁的命運。而這是她一手安排，最後還把自己鎖入台灣歷史的洪流中，無形中創造她個人自己恆久的女性地位，也改寫了台灣人的國家歷史。

婚後的遷移及思想變動

1964 年結婚，自才已經在海港城市巴爾的摩的建築師事務所工作。婚後，她也離開匹茲堡去巴爾的摩，結束了學生生活進入家庭社會。真正離開校園後的家庭生活對她來說，無法適應，也無法滿足她的學習態度，於是她就利用晚上時間去約翰‧霍普金斯大學夜間部讀統計學。

阿美和自才兩人時常一起參加六〇年代的民權運動，有時甚至會帶著女兒日青到處參加。他們一起走過著名的華府的民權遊行、抗議美國白人對其他族群，特別是黑人的歧視。

阿美說：「愈加入美國的社會，愈能感覺和體會受國民黨專制統治的台灣困境，和那些台灣社會因政治而被扭曲的各種病態。」參加台灣獨立聯盟組織就成為很自然的事，因為我們也希望有一個屬於我們自己的自由開放社會和國家，她是這樣認為。

在 1963、1964、1965 年是美國極具時代重要性轉變的年份,包括女性主義運動、柏克萊大學生大規模的言論自由運動、反越戰示威等社會抗爭事件潮流。這股風暴持續延燒到 1968 年為最高潮,影響之大,超乎各界想像,也徹底顛覆美國的舊有價值。

阿美躬逢其盛,這是她內化轉折的重要年代。

開啟女性思想的鑰匙

1963 年貝蒂・傅瑞丹(Betty Friedan)出版了《女性的奧秘》(The Feminine Mystique),這本書的出版開啟了第二波女性主義運動的重要分水嶺。

貝蒂・傅瑞丹，1921 年生於美國伊利諾州猶太人移民家庭。她是美國作家、編輯，在近代女權運動中扮演著重要的角色，其《女性的奧秘》為提倡自由女性主義的經典。

貝蒂・傅瑞丹的母親原本是一家報紙版面的編輯，結婚後退居家庭。她從小看到母親放棄摯愛工作而感到痛苦，甚至言行充滿挑剔，影響至深。1949 年她生第一個孩子時，獲得了產假，但生第二個孩子卻被迫離職，於是喚起她對女性問題的思考。

她花了 5 年時間研究和思考而編寫了這本膾炙人口的女權運動經典《女性的奧秘》，從此正式踏上女權運動的跑道。她不但協助建立美國婦女組織，更親自擔任掌門人達 6 年之久。1970 年的全美女性大罷工就是她的謝幕工作。她的論點是：女人應該能夠毫不羞愧地自問「我是誰？我想從生活中得到什麼？」

貝蒂・傅瑞丹

一向就是女權主義倡導者的阿兄說：「1964 年當他還在台灣時，在美國的阿美就曾跟他寫信提到貝蒂・傅瑞丹。所以 1964 年，她已經注意到貝蒂・傅瑞丹，一點都不令

我驚訝。這不只是因為我馬上想到了當年我們對當時所謂『模範母親』的保留和疑問。可見她已經悄悄嗅到這股風起雲湧女性運動的主流意識，也悄悄潛移默化在她認知內並帶來影響。」

女性主義不僅止於要融入社會價值和規範，必然還是要對社會偏見和成見的揭露、透視、衝撞和戰鬥。阿美不就曾為了多桑希望她讀師範學校而衝撞？

這種為了想打破男女不平等的社會觀念而做出的行為，顯示她無法抗拒體內天生的叛逆因子。還有他們兄妹又身歷其境，看到他們的母親因辛苦持家而榮獲國家表揚的「模範母親」頭銜，因而很有默契感到不平，對這種社會承認、讚美和國家認可的「模範母親」不知如何看待。

阿兄又說：「1963 年後第二波女性主義浪潮逐步擴散強大，她知道我常常參與見習各種社會運動，尤其是支持女權運動，見面便會常問我婦女解放在進步組織裡的發展實例。除了來自這些組織內部的批判往往最尖銳外，這也是因為她注意到台灣人的社區社團還沒有趕上世界潮流，她也因為同志難尋而感慨很深。」

在她離開人世間後，阿兄在阿美的紀念文集提到說：「以阿美的個性，她不會那麼容易自滿，但我相信我這個 154 公分不到的妹妹，經歷了那些令人憐惜和欽佩的奮鬥和鍛

鍊後，在臨終時已經是她所自勉、所追求的『一個更完整的女性，一個更完整的人』了。」

建國工作與育兒兩難

台灣獨立聯盟的大本營在紐約，為了要集中獨立運動的效率，自才在 1968 年由巴爾的摩轉到紐約非常著名的 Marcel Breuer 建築師事務所擔任建築設計工作。紐約是個不適合小孩居住的城市，於是夫妻兩人帶著孩子們搬到鄰近的紐澤西州的愛迪生。自才搭火車去紐約工作，阿美每天開車接送他到就近的車站轉換火車。

阿美陪伴著孩子住在紐澤西州的愛迪生是愉悅的日常生活。那是個非常典型理想的通勤家庭社區；有安全優靜的環境給小孩子玩耍，年輕的媽媽們還可以相互討論育兒經驗。

有時，阿美會去社區參加人際交流，但卻發現這些女人談話內容無非是時裝、化妝、流行家具、愛情影片，還有如何討夫婿喜愛等等話題。她後來發現這些不是她追求的人生目標，一點興趣都沒有，她寧願在家用紗線鉤地毯給女兒享用。

這期間，她設定目標，除了養兒育女外，還有很多事想要完成，她為自己安排一個星期要去上一次電腦課程，還有更重要的事：她還想關心故鄉台灣的種種事情。

自才參加台灣獨立運動的工作愈來愈投入，也愈來愈深，下班後直接搭火車回家的日子愈來愈少。阿美雖然支持他的建國工作，但無形中日漸影響了家庭生活的節奏。首先是她的電腦課因而被中斷了；還有更嚴重的，就是她得隨時處在一個人帶著孩子的困境中，無法得到喘息的機會，對家庭的影響更是嚴重。

　　記得有一次，兒子日傑才出世 2 週，坐月子期間，因為奶水不足，無法滿足阿傑的飢餓，常常得用配方奶粉補充。那一天，自才答應阿美下班後會買奶粉回家，這個承諾讓她放心的讓自才自行開車去工作。但承諾卻無法保證，自才下班後因緊急事件需要開會，而延誤返家時間直到半夜。

　　那個晚上，是阿美煎熬難忍且無法忘懷的夢魘。阿傑因為奶水不足而吃不飽，他使勁的哭，阿美只能死命的按摩乳房，希望能像變魔術般擠出水花般的甜蜜乳汁來餵飽飢餓中的兒子。天色已暗，窗前百葉片已合攏，只漏進幾許光線支撐著她的希望，這一片希望逐漸放大到妄想孩子的爸爸已經出現在眼前……

　　「乖、乖、不要哭、爸爸等一下就會開車載奶粉回來。」這是她當時唯一能哄騙兒子的話語。但時鐘的長針嘀答嘀答不停往前走，室內空氣凝結，只聽得到時鐘的嘀答聲。外面卻仍一片靜寂，沒有車聲、沒有開門聲。

為了安撫飢餓中的兒子，她只能想辦法用蜂蜜加水給兒子吸，自己也想辦法拚命喝水，希望能把水轉換成美味乳汁來滿足兒子的飢餓。但不出幾分鐘，他又餓了，最後，只好又把他摟入懷間給他吸奶。吸、吸、吸、阿傑使命的吸，媽媽滿足的看著吸奶的兒子。

　　但瞬間，出其不備的，他用力過度，阿美痛到痛哭失聲，卻只能忍著痛，一邊流淚，一邊安撫著飢餓的兒子「乖、乖、不要哭、爸爸等一下就會開車載奶粉回來。」

　　心急、心慌亂成一團，又怕吵到隔壁鄰居，一堆的亂線無法順理，讓她反覆不斷撕心裂肺的糾結纏繞。幸好 3 歲的日青懂事乖巧，她不敢言語，深怕加深媽媽的煩躁，只乖乖靜默的玩著她的玩偶。

　　當年，在交通困難及沒有手機的年代，現代人無法想像那種困境所帶來的恐慌和傷害。經過一整夜的折磨，分秒難挨的阿美無法了解這一夜的時間是如何流逝的。在仍盼不到爸爸帶著奶粉回家的開門聲響，最後只好打電話求救附近唯一的台灣鄉親，才解除這次的危機。

　　這次事件的發生後，他們決定搬到紐約市的皇后區（Queens Borough）的傑克森高地（Jackson Hights）。這裡的環境當然沒有愛迪生那麼好，但自才可以節省很多交通時間，各種生活機能也方便許多。

由於地點方便，台獨聯盟同志常常到家裡聚會，阿青和阿傑跟爸爸就有較多的時間相聚，家人間的關係也變得較親密。有時阿兄也會來小住，同時交換一些美國民權運動發展和建國理念的資訊。

　　阿舅的到來是日青和日傑們最高興的時間，這個「另類怪咖」阿舅就是他們的大玩伴。他可以出其不意的變出很多驚奇的遊戲，讓孩子們嬉笑，或玩捉迷藏，也可以讓孩子們當馬騎，讓孩子們玩得盡興，睡前還陪著孩子們讀書。

　　當爸爸媽媽和阿舅或同志們來家中聚會時，二個小孩雖然聽不懂大人們的世界在討論什麼，但這些阿伯、阿姨、阿叔們都有一個共同熱愛的討論議題，那就是遠在太平洋彼岸的故鄉：台灣。

紐約家居及知識追求

　　紐約市是一個世界大熔爐的大都會，集一切的經濟文化精華所在，是美國人口最多的城市，也是全球經濟、商業、金融、媒體、政治、教育和娛樂的國際指標性大都會。紐約的空氣中永遠夾雜著一切的美與醜、浮華與低賤、優雅與粗俗，還有永遠等待著填充的希望未來。

　　阿美在進入紐約這個大都會後，頓時視野大開，所見所聞所感，到處都是驚豔和驚奇。驚豔於她的美，也驚

奇她的醜。縱使只是偶而不經意的驚鴻一瞥，也可能會轉換成思想轉變的動力。她告訴自己，這是千載難逢的學習機會。

安頓好在紐約的居家生活後，她內心那股沉潛已久的求知慾望「叛逆因子」又蠢蠢欲動。這股求知慾望永遠伴隨著她，當機會來臨時，她會永遠保持著最佳的動能。

這次，無意中，就在她從自才同事處獲知有一種新的特殊兒童教育法蒙特梭利（Montessori）後，流在她身軀內的「教師血」已經沸騰。她開始努力的搜尋資料，閱讀吸收，消化融入。經過慎思後，她隨即做了兩個決定，其一，把女兒日青送去學校接受教育，其二，她自己也要去接受教師訓練。

蒙特梭利教育（Montessori Education）是意大利首位女醫師瑪利亞・蒙特梭利發明的幼兒教育法。基本精神是認為兒童學習新的事物是與生俱來的能力，教育者最重要的責任是為兒童設立一個會受到尊重，免受困擾的學習環境，幫助兒童發展成為會獨立思考、尊重自己，同時也尊重別人的個人。

其教育理念在於引導孩子從生活中學習，及跟隨其他孩子相互學習。另外，教師還要認識小孩學習的敏感期，適當給予刺激，在不知不覺中可以學習新事物。這個特殊教育法獲得廣大的認同，後來推廣到全世界，也成為

非傳統教學法的一個學習訓練特色。阿美認為台灣要成為一個獨立自主的國家,最需要的就是培養能夠獨立自主的下一代。

阿美曾做個夢,夢見台灣獨立成功,她回到了台灣,提供完整的蒙特梭利師資訓練並幫忙培養全台灣的教師。全台灣都有了蒙特梭利幼稚園及小學,學校就像一個開滿春天花朵的兒童歡樂校園。雖然這只是個美夢,但有夢最美,那是她人生要努力的目標,也是她對自己的期許,她也以實際行動展現她的意志力。

她不願屈服於只留守在家當相夫教子的家庭主婦,她讓女兒受了蒙特梭利的幼兒教育,自己不久也完成教師資格訓練。這個訓練讓她受用一輩子,包括在瑞典傳授新移民的兒童母語教育。只可惜因為不能返回台灣而美夢難完成,這是她內心的一個遺憾。

幸好蒙特梭利教育現在已經在台灣發芽,並深受教育界讚美,雖然仍然是非主流,無法普及推動到幼教系統,仍有待大家再努力,這是阿美的期許。

第一次感受到自由、人權與獨裁的距離

阿美剛到美國時,所看到、聽到的都隨時會拿來和台灣對比。一開始時,她受到最大的衝擊是,馬上可以感受到民主開放社會和專制封閉社會的強烈差別。例如,

黃文雄（中）陪伴日青、日傑玩耍。

第一次聽到一位美國同學講著他們的總統時，直接叫著
總統的名字，就像在叫他的同學般親切。

　　這個很自然不過的稱呼，當時卻真的把她嚇出一身冷
汗。還在獨裁戒嚴體制下的台灣，她被教育要尊師重道，
尤其身為人師，稱呼總統時，總是要叫○總統，有時還
得立正站好。

　　甚至在自由國度的美國，聚會時如有對國民黨的總統
不敬，有時還會碰到「抓耙仔」，那就可能被打成「黑
名單」份子。這不是危言聳聽，而是當年舉著反共抗俄
旗幟的國民黨獨裁統治的台灣政治現況。

雖然在美國社會，這只是一件再平常不過的事，但卻讓阿美心中相當震撼。民主自由和專制獨裁之間的距離是那麼遙遠，她內心充滿了不解的疑問。經過時間的淬鍊，內化吸收美國社會的生態氛圍，她開始漸漸體會民主的真諦和價值，還有自由的可貴。

　　此外，隨著時間的推移和親身更深入參與美國社會活動的觀察後，她逐漸發現，美國其實也沒有自己想像中的自由平等，更不是人權的天堂。特別是搬到紐約後，才真正看到、並體會到黑人在這個世界所受到的不平等對待。

　　美國社會「白人」、「非白人」、「黑人」，中間永遠隔著幾層猶如陰陽晝夜般的隔閡。在杯觥交錯的浮華世界中，永遠看不到陰暗角落下的暗影和悲歌。一層又一層的社會階級壁壘分明，永遠沒有交集。

　　在紐約大都會，階級差別更為明顯。阿美每次帶孩子去動物園，都會經過中央公園最南邊著名的第五街；街道兩邊的建築物是古典與現代的結合。優美帶著歷史性的古老式建築比鄰而立，同時夾雜著美侖美奐的現代建築，建構了浮華的紐約特色。那裡街道明淨、處處都是高級名牌商家，來往過街人士明顯感受到上流社會的容姿與繁華。

　　而再往北走，沿路看到的景象愈來愈雜亂。駛過第 80

街以後是惡名的黑人貧民區，整個街道髒亂沒人清掃，破舊不堪的老屋臨立，隨處可見鼠輩與人爭食的景象。冬天大風雪，市政府甚至沒有調派掃雪人員，經過時，險象環生。那是一個黑白分明的世代，黑人的傷痛是地理性的。最不可理喻的是白人動輒批評黑人懶惰骯髒，這最讓阿美無法接受，無形中讓她心生對黑人的同情及不平。

六〇年代，黑人民權運動在美國各地如火如荼進行，最具代表性的黑人博士牧師金恩博士（Martin Luther King, Jr.），他極力反對美國人參加越戰，更是不贊成黑人的民權運動用「Black Power」（黑色力量）做口號。

金恩博士認為所有無產階級、不分皮膚色彩，應該聯合起來爭取民權。1963 年金恩博士在林肯紀念堂發表著名的《我有一個夢》，影響深遠。

金恩博士的民權論點影響阿美極深，她認為台灣也應該無分原住民、客家人、福佬人、或是和蔣介石一起來台灣的新住民，大家聯合起來，相互平等對待，保護我們的生存空間，防止台灣出賣給中國。

她的客廳布條工廠

自才當時是台獨聯盟總部的執行秘書，他們常常在家開會。如果是她可以知道的會議，她會趁著孩子入眠後，

金恩博士 1929 年 1 月 15 日在美國喬治亞州亞特蘭大出生，是一位美國牧師、社會運動者、人權主義者和非裔美國民權運動領袖。他長期以非暴力方法追求種族平等理想而於 1964 年榮獲諾貝爾和平獎項。在他生命最後幾年，除了民權運動外，他極力關注美國的貧窮和越戰問題。1968 年 4 月 4 日金恩博士遭人暗殺，地點是一家汽車旅館。他被暗殺後，全美各地都出現暴動。

金恩博士過世後，在 1977 年，美國總統福特向他追贈總統自由勳章；2004 年，美國國會決議追贈國會金質獎章，兩者都是美國平民最高榮譽。1986 年開始，每年一月的第三個星期一被定為美國聯邦假日的「馬丁·路德·金恩紀念日」。2011 年位在華盛頓特區國家廣場上的馬丁·路德·金恩紀念碑正式開放給公眾自由參觀。

馬丁·路德·金恩

邊做家事邊聆聽，讓她不費工夫學到了獨立建國龐大工程的思維和精神，也知道獨立建國崎嶇道路的艱困和必要的努力。這些思維和精神內化後，她也會以自己的意志力展現她的行動力。

從小就知道多桑的一份「死薪水」絕不足以應付一家人的生活開支，也一直看著卡醬靠著幫人修改或做衣服以維持家中捉襟見肘的經濟；甚至連阿兄都得幫忙燙布邊，她當然也是卡醬的一個大幫手。這不但讓她感到驕傲，同時也學得一手車縫的好手藝。她偶而會利用空閒幫孩子縫做一些衣物或可愛的布巾。

也因為她會這個手藝，當年推動台灣獨立運動時常要上街頭遊行抗議的活動，都需要抗議的活動標語布條，她家的客廳隨即就轉換成為布條工廠，本來常幫小孩縫製的花鳥、貓狗等圖案，搖身一變，馬上變成跟台灣獨立相關的漢字或英文；如推翻獨裁戒嚴統治、台灣要獨立、Independen Taiwan……。

紅葉少棒用棒球帶台灣走上國際

1960年代末，到美國參賽的台灣少年棒球瘋迷全台灣，在電視機仍尚未普遍化的情況，家家戶戶半夜起來圍著電視機觀看的盛況令人難忘。

家裡沒有電視機的人就到有電視機的人家觀看，鄉下地方敦親睦鄰，有人乾脆把電視機搬到庭院，街頭巷尾的人都可以圍繞著電視機呼喊歡叫。這個半夜瘋看棒球賽的景象，喚醒台灣人的驕傲和自信。

這股熱潮始自位於台東縣延平鄉的紅葉國小所組成的

一支少年棒球隊，竟然在 1968 年 8 月 25 日以 7 比 0 擊敗了由關西地方選拔出來的日本少棒明星隊。促成台灣於次年組成金龍少棒隊，進軍美國賓州威廉波特的世界少棒大賽。從而開啟了台灣棒球史上的三級棒球時代，也造成了當年台灣人對棒球賽的瘋迷狀態。稍年長者對當年半夜起來守著電視機的盛況是永難忘懷的。

這種盛況不止瘋迷了台灣，連在美國的台灣鄉親也動了起來，跟著棒球而連夜奔跑的大有人在。1969 年為了要去威廉波特（Williamsport）替故鄉台灣來的少年棒球隊加油，阿美徹夜沒眠的縫製「TEAM OF TAIWAN NOT REP. OF CHINA」（台灣隊，不是中華民國隊）。

這是一支很大且長的橫布旗，為了要減輕舉旗時旗頂的風力阻擾力道，她絞盡腦汁修改又修改。完成後，還得到外面做測試，一切完美達標，她感到驕傲，可以為台灣增加能見度，適時表達台灣的立場。可惜，她因為兒子日傑還小，無緣親自目睹這場「台灣」的保衛戰。

而 1971 年的比賽，日傑已經三歲了，阿美請了一位美雪姐姐幫忙照顧小孩，她終於可以躬逢其盛，為台灣少棒隊加油，同時也是對世界宣揚台灣的絕好機會。這次能親逢參加，對她來說是熱血澎湃、永生難忘的大事。何況每年都是拿著她親自所做的大旗，在美國的天空飄揚，透過媒體的轉播，也讓台灣鄉親看到台灣人的驕傲。

當年的台灣留學生年輕力壯，大部份都是學成而立家，由於家中有小孩要照顧，遇到有政治運動的活動，通常夫妻無法兩個人都同時參加。特別是抗議遊行等對小孩有負面影響的活動。幾個媽媽便會輪流集中照顧，讓其他媽媽也有機會為台灣獨立運動出力。雖然只是偶而參加，但只要有機會，她們都樂此不疲，盡心盡力把握難得機會。

　　除此之外，她們也會辦讀書會。阿美還會利用晚上自才在家，而且孩子都上床睡覺之後去參加讀書會。除了讀有關認識台灣的書之外，如葛超智（George Kerr）《被出賣的台灣》（Formosa Betrayed），以及讀其他民族建國的奮鬥史等等。

　　這是在那段時間她為了家庭，為了孩子，也為自己的低調個性，而無法站上台灣獨立運動第一線之下，所能做的最大極限。況且她已全力支持自己的夫婿，在最前線為台灣的獨立運動而努力。

05 1970年424的春雷

十年磨一劍，阿美自 1963 年從台灣到美國匹茲堡大學攻讀社會學到 1970 年，短短的幾年，已經由一個青澀的知青到戀愛、結婚生子，而完成人生大事。除育養兒女外，在寒冷異地吸收民權運動養分，心智上透過觀察學習，不斷內化而精進。這一切的孕育，為的是造就她未來強韌的根及吹不倒的枝葉做準備，直到她成為一介奇女子的英勇呈現。

海外台灣獨立運動

海外台灣獨立運動的發展，主要是在 1960 年代末期，以日本為基地所延伸出來的。隨著愈來愈多留學生到美國，這些留學生又受到美國著名的六〇年代民權運動的影響及催化，漸漸形成一股反國民黨獨裁的聲浪而開始慢慢萌芽。如 1966 年「全美台灣獨立聯盟」在費城成立了。

台灣獨立建國聯盟（World United Formosans for Independence, WUFI，簡稱台獨聯盟或獨盟），是一個集結

海外推動台灣獨立運動的組織，1970 年 1 月 1 日宣布成立。

這個世界台獨聯盟的組成，是由當時台灣以外的獨立運動團體統合而成，包括日本青年獨立聯盟（1960 年成立，委員長辜寬敏）、加拿大人權委員會（1964 年成立）、全美台灣獨立聯盟（1966 年成立），和歐洲台灣獨立聯盟（1967 年成立）。

這些團體共同組成世界性台灣獨立聯盟，成為在台灣以外最大的獨立運動組織。第一任總本部負責人由蔡同榮和張燦鍙擔任正副主席，鄭自才為執行秘書。

海外獨立建國運動在 1970 年初擴大聯盟，1 月 1 日大突破成立世界性台灣獨立聯盟。隔兩天的 1 月 3 日，在台灣發表「台灣自救運動宣言」的台大政治系主任彭明敏教授在特務重重監控之下，竟然可以獲國際友人援助，成功逃離台灣。這兩件大事件讓海外獨立建國運動因而受到很大的衝擊與鼓舞。

緊接著，同年 4 月 24 日又發生黃文雄、鄭自才刺殺蔣經國案件，連續三個事件激勵了海外台灣人的凝聚，也強化了台灣人對蔣家統治的不滿，更因而加深推翻國民黨政權的力道。

蔣經國訪美及台灣人的抗議活動

1970 年 4 月 4 日《紐約時報》披露，時任行政院副院長蔣經國——中華民國總統蔣中正的兒子，將應美國國務卿羅吉斯之邀，訪問美國 10 天，以爭取美國政府對中華民國的援助，美國將以「高規格接待」。

這種高規格的接待，除了維安外，最主要是因為尼克森總統和季辛吉國務卿將放棄反共立場，早已計畫和中國交往，因而事先佈置的場面，以撫慰國民黨的失落。但是蔣經國萬萬沒有料到，危機正等著他的來臨。

海外留學生和主張台灣獨立運動的活躍份子，在得知蔣經國即將訪問美國時，希望藉機向美國政府表達國民黨政權對台灣所施行的獨裁統治，也認為美國政府不應該給予國民黨援助，而加深國民黨對台灣人的施暴。

台灣獨立建國聯盟主席蔡同榮在蔣經國訪美前即致函美國總統尼克森，要求其停止對「蔣家政權」的援助。同時美國各地留學生均發起各種不同的抗議規劃和行動。

蔣經國的訪美行程 4 月 18 日首站在洛杉磯，當蔣經國抵達時，除了美方人員和華僑接待外，同時也有很多在地台獨聯盟人員，展開反對蔣經國訪美行程的示威遊行。4 月 21 日在華盛頓的安德魯空軍基地，有約 60 多人手持「我們就是台灣」、「台灣要自決與自由」等標語抗議。

這次的抗議活動也包括了文雄阿兄、自才和阿美。他們特地由紐約來到華盛頓，一方面是參加抗議活動，其實最大的目的是要觀察保護蔣經國訪美的護衛安排，以做好刺殺時的先前縝密的準備。

　　同日，當蔣經國被安排去白宮見尼克森總統，台灣獨立聯盟盟員又跟著再到白宮。當蔣經國抵達時，即有反蔣示威，並散發「台灣需要自由，不是軍援」等傳單抗議活動。

刺蔣行動之心路

　　這些種種如影隨行的抗議行動，就以黃文雄、鄭自才、賴文雄和黃晴美四人的計劃最為震撼和徹底。他們決定默默以個人力量及行動來完成抗爭；所要傳達的訊息是，以刺殺蔣經國來向國際社會表達台灣人的心聲，為台灣人除掉獨裁者，讓台灣有新的爆發力道來扭轉獨裁政權的統治，改變白色恐怖政治氛圍的可能性。

　　他們更不希望蔣家順利接班，若刺蔣成功，可望挑起國民黨內爭取接班的派系鬥爭，以瓦解國民黨的權力核心。蔣經國名義上以文人之名的「行政院副院長」任職，而實質上早就有「地下小朝廷」之稱，掌控橫跨黨、政、軍等實權。台灣在這時期的政治氛圍，雖有大大小小、

形形色色的反抗，但因為高壓統治和白色恐怖的追殺而令社會噤聲。

此時的蔣政權在發動 228 事件及白色恐怖鎮壓，加上戒嚴的威嚇，大致已經完全宰制了台灣民間社會的各種不滿及抗議行動。

表面上社會已經呈現一股沉靜，其實，在令人感到窒息的「超穩定結構」氛圍下，是連內在的思想自由都要被控制的，台灣年輕學生只能裝做視若無睹。但有壓力就有反抗，台灣社會猶如處在一個冒氣的壓力鍋，隨時都有可能氣炸。

424 刺蔣事件中另一位參與者賴文雄回憶說：「事實上，蔣經國要來美國前，在 1967 年底先去了日本。當時，我們很高興，心想在日本的同志一定會把他修理掉，我們就在等；然而他又平安回到台灣。原本我們認為，日本的同志在台灣獨立運動的歷史及時間上都比較久；在美國成立本部之前，我們一直都是受他們領導，他們應該會有行動。所以當蔣經國平安回到台灣後，我們開始煩惱了，心想，他來美國時，我們怎麼辦？還可以不做表示嗎？」

阿美是 424 行動的執行者

這個刺蔣行動從一開始就是黃、鄭一家三人的家族愛國行動，最後賴文雄才在 4 月 17 日加入討論，鄭自才是整個行動的總策劃。

阿兄認為：「那時認識一些左傾的活躍份子，其中有人反對他的槍殺計劃，認為這是個人主義的行為。」他們辯論了很久，最後，阿兄還是認為雖然必須使用武器暗殺，但首要的意義還是政治性的，因此必須由一個普通的台灣人去執行，才能凸顯其政治意義。

找狙擊手或黑道的攻擊，都不能有力、清楚地向美國和世界傳達，台灣不能接受蔣家繼續統治的正確訊息。還有一點很重要的訊息可以傳達，美國政府口口聲聲自由民主，卻在各地支持殘暴的獨裁政權，包括蔣政權。另外，他們也希望這樣的行動，對當時台灣沉寂的反對運動來說，也許會有鼓舞的作用。

阿兄說：「自才是自己人，我們兄妹間也從小就有很好的默契，除非賴文雄也在，其實不需要有多少討論。阿美話不多，事事細心的她一直在思索細節，就像以前探視陳師母的經過，我們很快就形成默契。

如槍怎麼帶到現場的事，『開會』時雖然談過，其實是我們事先去偵察廣場飯店時才一起決定的。包括怎麼

靠近飯店，怎麼靠近飯店『入口』，用什麼皮包放槍取出時最方便等等。計劃已定，各種可能後果也早已推算過，我們就不再去想它談它，只有練習。如有必要假裝是情侶時，該如何進行最好，這時的擁抱和牽手似乎比平常緊。」

從阿兄的話語中，令人震撼的是，阿美已經孕育好她堅強的心智和未知的能量。她不但沒有反對這樣的計劃，也不是只有獻計、獻策，還毫無猶豫積極參與整個刺蔣行動，其表現比夫婿和阿兄更膽大心細，沒有任何猶疑。她從一開始就是行動的執行者，而不是被動承受苦難的「家屬」。

這樣機會的到來，她已經準備好了，內心沒有驚濤駭浪的煎熬和掙扎，仍然保持著她一貫平靜優雅的姿態，因為這是她所認同而該走的一條不歸之路。尤其是一向自稱是女性主義運動鼓吹者的阿兄，給她重要的精神鼓勵及支持。

她說：「那個時候，我要做這個決定，有兩個重要的因素，其一就是我信任阮阿兄和自才的判斷，同時我也認為，不管以後的發展是什麼，我都有辦法獨立生活和照顧兩個孩子。」此時更顯重要的是，她已拿到蒙特梭利的師資資格，這是往後讓她可以賴以維生的重要技能。

沒有華麗的誓言，也不用更多的言語，就可以表明她

的心志和毫無保留的英勇。她自信滿盈、樸實又開闊的
自然走入了她自己所設定安排的生命軌道，而這只是她
生命轉折中即將開始的一個波段。

革命槍枝

刺殺革命行動需要的槍枝，自才已經按計劃安排，他
知道台獨聯盟負責島內訓練的陳榮成教授備有登記在其
名下的短槍，於是自才就請他越卅拿到紐約，直接把槍
交給自才。

他們認為，雖然必需使用武器來執行政治性的暗殺手
段，就絕對不能誤傷無辜民眾。這是他們堅守的信念，
所以一定要用「短槍」近距離來執行。但近距離的動作
等於是一種自殺性的危險行動，他們以「捨我其誰」的
氣魄和胸懷來完成這次的革命性任務。

為了槍聲不驚動他人及左鄰右舍，他們挑定了紐約長
島的一個海邊，利用午後時間帶著槍和「可樂」的空罐
子到海邊練習。整個海邊無人，四面靜悄悄，他們就躲
到樹林下，在靜空中拿著「可樂罐子」練習打靶。此時
的阿美同時也觀察他們的一舉一動，以配合任務現場的
臨場感。

誰來開「那一槍」?

　　4 月 23 日晚上，四人在行動前的討論中，誰將是致命「那一槍」的執行者？大家都非常清楚「這一槍」的出擊，將會帶來什麼後果和嚴重性。那不是被殺就是被捕，除此之外，也將牽動影響整個家庭，甚至台灣原生家族的生命安全，當然，還有個人生活所有一切的轉折和變動。

　　問題被提出後，空氣瞬間凝固，每個人臉色雖凝重但卻很沉靜。最後卻由鄭自才打破沉默；他娓娓道出，他是這次行動的策劃者和發起者，應該由他來執行。鄭自才話一出後，幾近沉靜的凝固空氣又被黃文雄打破；他帶著堅定但不捨的話語，否定了鄭自才的提議。

　　阿兄早就心理計畫好，由他自己來執行這個不可能的任務。他是唯一沒有家庭的人，其他人都有妻兒。最重要的是，他不想讓鄭自才抽到這個「籤」，因為，自才的太太是他自己的親妹妹，光是這個私人理由，就足夠支撐他要執行「這一槍」而勇往直前的最大動力。更何況在這之前，阿兄的親密外國好友們已經為他辦了一個別開生面的生前告別宴會，他，準備好了……。

　　最後，在決定了執行任務後，各自帶著沉重的心情回家，等待著這不可預知的明天。

驚天動地的「那一槍」！

4 月 24 日這一天，阿美一早就把二個孩子交給事先就安排好的同志家中。早上，台獨聯盟主席蔡同榮開車載阿美、阿兄和自才如計劃到達紐約市的廣場飯店，也就是蔣經國即將在中午時分參加美東工商協會的餐會場地。蔡同榮把人放下後，隨即去停車，但可能是找不到車位，待他返回到現場時，一切都已經發生了。

這一天，天空下著綿綿細雨，現場周圍是大陣仗的高規格防護戒備，猶如總統級的安全接待，包括龐大的紐約警察、美國國安局和蔣經國親身保鏢等。除了戒備人員外，現場還圍繞著前來歡迎的僑胞和抗議的台灣獨立建國聯盟的成員及留學生。

阿兄、阿美和賴文雄 3 人照原來計劃走向飯店方向，鄭自才則夾雜在飯店廣場周圍發放抗議傳單，其作用是觀察周圍的環境並做掩護行動。

阿兄回憶整個過程說：

在前一天的地點勘查時，考慮到有必要躲開「暗椿」便衣人員的監測，我們決定了一條接近的路線。飯店（Hotel Plaza）位於 59 街和第五大道交口的東南角。

飯店「入口」不在中央而是比較靠近 59 街，前面有一個噴泉廣場。廣場也是次日台灣人要示威的地方。廣場和入口應該是護衛人員的注意焦點。可是飯店的後側和左側各有巷子，後側的巷子有一幢建築正在整修，比較凌亂。

　　我們決定次日從 59 街走入後側巷，轉到左側巷子，然後從那裡沿飯店的「亭仔腳」走向入口地區。這一邊的警衛可能比較鬆懈。

　　他又說：

　　4 月 24 日那天，照原來的計劃，槍枝放在晴美的皮包裡。我、她和賴文雄按原來計劃走向飯店。沒想到走到飯店後那幢正在整修的房子時，卻被建築工人和警衛擋住了。這時不是理論的時候，蔣經國的坐車正好由 59 街轉入飯店入口前面。

　　如我預料，我這邊的「亭仔腳」果然沒有護衛人員。他們都在旋轉門前排成兩行，蔣經國正走入這兩排人形的「甬道」。「甬道」不長，我很容易的就到達他身邊約兩三公尺的地方。因為在整修房子那裡延誤，造成多跑半條街的延遲，我接近蔣經國時，他正在旋轉門外即將進入，

可以說是「最後一秒」的機會。

沒有預料到的是，當我開「第一槍」時，一個機警的紐約警官看到了，飛身而起把我的手肘往上托，子彈飛向蔣經國頭部上方。蔣經國這時已經進入旋轉門的右側了，這時的保鏢機警快速的按下他的頭，免被子彈打到。而我也被一大「堆」警察壓在地上。

這時場面變得有點「鬧劇化」。我個子小，可以從那些彪形大漢的身體間鑽出頭部或上半身來。每一次這樣時，便會有其他警察飛身壓在我身上。這個場景，使本來在示威隊伍中發傳單的自才一時衝動，跳進來救我。雖然這不是理性的做法，他出自衷心的關懷，還是非常感人。

讓我像台灣人一樣站起來
Let me stand up like a Taiwanese

阿兄當時被彪形大漢壓倒在地時，他隨即試圖掙脫警衛的壓制，挺胸說出震撼人心的一句經典語：「Let me stand up like a Taiwanese」（讓我像台灣人一樣站起來）。

而當時有很多記者正在樓上等待著聽蔣經國演講，記者們聞訊緊急衝下來，才從警衛人員口中問出，而記者們聽到的卻是偏差的主題，像「男子漢 like a man 一樣站

黃文雄在飯店前開出驚天動地的那一槍。

Police seized these two men after shot was firehiang Ching-kuo Friday in New York City.

2 Arrested After Shooting

NEW YORK (AP) — Two men dashed from a small knot of street demonstrators Friday, and one of them fired a single shot at Chiang Ching-kuo, son and heir apparent of Generalissimo Chiang Kai-shek, president of Nationalist China. His aim was deflected by a security man at the last moment, and the gunman missed his mark.

did any of the other speakers at the luncheon.

Chiang said the importance of Nationalist China's role in the Far East was "not only an obstacle to Communist aggression but also an alternative to Chinese Communism itself and to the Peiping regime's possession of the Chinese mainland."

黃文雄被警衛壓制時,大喊:「讓我像台灣人一樣站起來。」

起來」，這和阿兄的原話有了誤差，因為警衛人員一時根本無法辨識「like a Taiwanese」的意涵，直接主觀的認為是 like a man，隔天就有了偏差不正確的報導。

而衝向前想要營救阿兄的自才，則被警衛暴打，頭部嚴重受傷流血不止。最後，阿兄和自才雙雙被帶上手銬時，正在廣場外面的幾十位同鄉才從驚訝中回神過來。受到這一驚聳畫面的衝擊，抗議口號喊得特別響亮，台灣要獨立、台灣人自己做主人……等等。

在 59 街南邊的巷子和飯店「亭仔腳」南端交角剛完成驚險「轉送槍枝」舉動的阿美，也隨即混入廣場的示威人群中觀察。看著阿兄打出「第一槍」而被紐約警察托手阻擾時，她也同時在內心驚叫不妙。

她還沒有回過神，阿兄就已被警衛壓倒在地上，現場一片驚慌混亂。隨即，她衝出人牆，又看到自才衝出人群，迎向阿兄，企圖營救阿兄。接著，她看到自才被那身高體大的警察用棒棍猛打到頭破血流。

這一幕幕就在來不及反應的瞬間即時發生，她一時也心急，身體想往前衝出去時，頭殼內突然閃過一個命令：「不行，家裡還有兩個孩子要我照顧！」

轉頭又看到她阿兄被那群強大的警察押著，頭舉高高、挺胸直立，說：「Let me stand up like a Taiwanese」。

這時，她像被「點穴」般僵住在原點，動都不能動，只能眼睜睜的看著他們被帶走。她說：「這一切所發生的景象就像在用眼睛看一幕驚聳緊張的『無聲電影』般，只能屏息而無法行動。」

阿兄和自才被警察帶走後，阿美如何在魂飛魄散的緊張情緒中回到皇后區的家中，她說她完全記不得。但待她神情冷靜後，隨即想到家中還有另外一枝槍，因為這二枝槍都是「越州」的違法槍枝。是台灣獨立聯盟準備要在革命運動時使用的，為了要盡量減輕和聯盟組織的關係，一定要趕快想辦法把它處理掉。

她想白天在眾目睽睽之下，很難有所為，但又擔心警察隨時會來查封家裡，這讓她坐立難安。幸運的是警察最終沒有出現，好不容易熬到天黑之後，阿美才開車到附近大橋頭的河邊，四面觀看無人時，小心翼翼的把那枝槍連同「心裡的石頭」一起丟棄到河中，然後帶著五味雜陳的心情返回家。

槍枝和離別淚珠

雖然解決掉了槍枝的大事，但更令她擔心的，是阿兄和自才的問題在等著她面對。

阿美想起中午發生的一切仍心有餘悸，但卻感到慶幸，

阿兄沒有當場被擊斃。雖然刺蔣行動事前規劃詳密，但預演和實境還是有很大的差距。畢竟是短槍近距離的射擊，其危險性相對高很多，被逮捕的機率很大，也有可能當場就被擊斃。

事實上，在 59 街巷子口，當阿美和阿兄兄妹倆人裝扮成情侶，緩緩向行刺目的地移動時，阿美的心情是沉重的。那把「革命手槍」就躺在她的手提包內，被小心翼翼短暫保護著。

在 PLAZA HOTEL 南端的巷子和飯店亭仔腳南端交角處，阿美在給阿兄生死離別這瞬間的那個擁抱，包包內的那把槍，不聲不響，悄悄成功移轉，完美達成任務。

阿兄在阿美逝世後給好友王秋森教授的信中曾說：

這幾天常常想起在 The Plaza Hotel 南邊的巷子和飯店亭仔腳南端交角，她從手皮包拿出槍來交給我那一幕。她抱了我一下，抬頭看著我說「I love you」。

動作鎮定自然，臉上也看不出悲傷；只有我親她的前額時才看到她的眼角有一滴閃亮的淚珠。然後我就得轉身走了，因為 CCK（國民黨）的車隊已經到了中央公園那一端的轉角⋯⋯。

06 那一槍

　　當那一槍聲「碰一聲」劃過旋轉門玻璃的剎那間，蔣經國正巧跨過旋轉門。在這千鈞一髮時，子彈「嘶」一聲，飛過他頭上，隨身人員機警的撲到他身上，大家在尚來不及反應的情境下，蔣經國就被貼身保鏢撲倒，隨即被帶離了現場，解除這次被刺殺的危機。

槍響後的蔣經國

　　蔣經國受到這次非同小可的驚嚇，一時失神，待回神而得知是「台獨份子」的行動後，他百思不得其解，為什麼會有「留學生」對他下手槍殺？

　　為了要在美國政要面前維持他的尊嚴，也為了不可助長台獨份子的氣焰，蔣經國堅持行程不取消、不延長，一切照原先計劃進行直到結束。同時也施壓美國政府對暴力份子不可釋放，且要嚴厲處置。

　　這件台獨份子刺蔣案，雖然隔日在美國各大報的報導下，全美國感到震驚，但在台灣則因報禁全面封鎖，完全被噤聲，只有聯合報登了小小一則輕描淡寫的遇害事件。

當蔣經國結束行程，返回台灣時，還受到英雄式的歡迎。之後，他也如期在 1972 年接任了行政院長，正式名正言順的進入執政的權力核心而全面掌控整個台灣，持續實施戒嚴法。

阿兄和夫婿雙雙被補，必須展開救援行動

1970 年 4 月 24 日的「那一槍」，阿兄和自才雙雙被送到警察局分開偵訊，包括紐約警方和聯邦人員。424 刺蔣的槍聲如預期的，隨即引起世界各地對台灣政治的關注，美國各報均以頭條新聞處理，同時也掀起海外台獨運動的高潮。

阿兄和自才他們兩個被訊問後，隨即在法院雙雙被起訴。阿兄以殺人未遂、攜帶危險武器、妨害公務等罪名被起訴。自才則被控協助殺人未遂與妨害公務等罪名。起訴後，他們都被送到紐約市拘留所。

拘留所是一幢在曼哈頓南區的高大著名老建築，綽號「大墓」（The Tomb）。這個大墓拘留所門禁非常森嚴，不管是受刑人或探視的家人，其進入手續非常繁鎖複雜而且嚴密。

阿美面對兄長和夫婿雙雙被捕後，救援行動正式啟動。她瞬間失去兩個身邊的摯愛，還有兩個幼兒需要媽媽的照顧。甚至，沒有意料到的是，一時之間還有來自四面

八方的各種不同壓力，包括同志之間的各種質疑。這些質疑主要來自台獨聯盟組織的領導人，他們一致否認這是組織的共識。

雖然阿兄他們也坦承這是他們的個人行動，但部份同志卻認為組織應該承擔，因為這些人都是獨盟的盟員甚至是幹部。

如果組織承擔，那就是政治事件，也就沒有所謂的「個人暴力行為」問題而陷入司法。而台獨聯盟則擔心剛成立的組織會因此暴力事件而被迫解散。一時之間，大家議論紛紛，意見分歧。

這些壓力超乎想像地直接湧向她那小小的身軀，在斷裂的軌道上，她已無法退出賽局。救援行動千絲萬縷，就像一堆纏繞的線球，她得理順，而且快速有效拆解，這已成為必須面對的難題，也是一個多麼沉重的負擔，但她得概括承受一切。

幸好，她有非常堅定的信念，就是她始終對夫、兄所做所為抱著絕對信心和支持的態度與力道。夫、兄在牢獄，處在暗影中，急待「光」的出現，而彼時那個「光」只有「她」，她必須即時和他們建立一個緊密的連線。

晴美說：「對一個失去自由的人來說，如果又同時失去對外面世界的接觸，那將會更加痛苦。於是我認定，我將是阿兄和自才二個人唯一的手、耳、腳，必須全心

支援。這一段時間，我同時要扮演媽媽、牽手、妹妹、同志等不同角色代理人，忙得我沒時間去做一個『軟弱的女人』。」

在內心煎熬和時間催促下完成探監

「探監」是她第一個要面對的挑戰，也是難以承受的壓力。對於探監的種種，只是由電影情節略知一二而已。她沒有經驗，也無所適從，她試著如何從電影情境的認知，到實境的轉換，這樣才能有機會扭轉困境，這正考驗著她。

拉開了「第一次探監」的序幕，她帶著忐忑不安的心情，來到阿兄和自才雙雙被關的地方，那是惡名昭彰的紐約著名「大墓」居留所。除了辦理探監手續繁雜外，光看到那個個都是 180 公分以上、面目凶悍的守衛，一股由神經末梢傳來的驚悸感，就足夠把她這個不到 154 公分，貌似弱小的女子嚇破膽。

她只能不斷告訴自己：「深呼吸、腰要直挺、頭要抬高，阿兄和自才是為『台灣人』而入監的！」這樣對自己信心喊話後，突然感到進入了一個不同的陌生世界，瞬間，像變魔術般地覺得那些凶悍的守衛都變小、變溫和了，心情也自然沉穩下來了。接著才有辦法繼續和兄長、夫婿在會面的電話中討論事情。

沒時間哭，也不能說內心話，感情就只能暫時放在心內。隔著玻璃，看到阿兄的出現，由遠而近的走到她面前，除了剎那間的一陣驚喜外，內心更有一股熾烈的吸引力，很想把阿兄擁入懷抱，再一次說「I love you！」可惜厚厚的玻璃隔著她對阿兄的柔情，內心的悸動與不捨，令她眼眶含淚。

時間在滴答中流逝，只能趕快拿起電話筒，透過眼神和電話線傳達訊息。在獄卒嚴密的監控下，電話線的另一端也有人監聽，這樣極端恐怖的情境下，她不斷的在內心告訴自己：「阿兄是為台灣人而坐監。」慢慢的再找回自信，頭腦漸漸也變得清醒。她不能有混沌思緒，有太多的事要討論和交待，一定要好好控制時間。第一次的會面就在內心的煎熬和時間的催促下順利完成。

感人的海外台灣人積極參與救援

她內心很清楚，阿兄和自才的坐監不是普通的犯罪，這是一個政治行動、一個政治案件。是台灣人反蔣政權，台灣人要獨立建國過程中必須要做的「使命」。

事件發生後的第一時間，從海內外台灣人的反應和支持，就可以感受到大家對暗殺行動的感同身受。絕大多數的海外台灣人都認為，刺蔣案被審判的主角不是阿兄和自才，而是蔣政權，光是這點就足以讓她感到安慰和驕傲。

兩個孩子雖然還很小，但她很放心交托給親近的朋友和同志照顧，這樣她就不會覺得孤單，而能專心全力做她要做的救援工作。面對鋪天蓋地的壓力，她不會像跳針的唱片，掉進溝紋裡轉不過來。因為她總是感受到另外一股來自海外台灣人對她的溫暖支持，這股支持大到讓她可以冷靜處理及應付。

　　為了救援黃、鄭二人，留美同鄉會很快在台獨聯盟的主導下，組成「黃、鄭救援基金」。各地發起募款活動，目標至少為高額 20 萬美金的保釋金及律師費用。因為事涉聯邦事務，當時的保釋金訂得特別高，阿兄是美金 10 萬元，自才 9 萬。這樣的高金額保釋金，可能創了紐約市的記錄。

　　如此高額的保釋金，對當時的窮留學生來說，簡直是天文數目，但同鄉們的反應出乎意料之外的熱烈。甚至還有兩位同鄉黃呈嘉和葉國勢把他們的房地產拿去抵押。兩個多月就把錢籌足了，募款活動遠遠超出預定目標，也意外促成海外台灣人的大團結。

那一槍的後續

　　阿兄說：「根據康乃爾大學校友的說法，有好幾個美國的官員和議員都說我們因捐款熱烈而被保釋，等於是對蔣政權的少數和獨裁統治的另類『民意調查』，一場

布衣菁英的『民調』。我開槍的動作雖然比較富於戲劇性，但這場『民調』對美國政府的影響和對國民黨的衝擊，相比而言，反而更大。」

這驚天動地的一槍，雖然出師不利，但蔣經國遇刺逃過一劫後，接班計劃如預期。但也使他開始反思，國民黨對台灣人為善，建設台灣成為反共之地，為什麼台灣人要殺他？其後，他就推行所謂的「吹台青」方針，開始啟用台灣省籍青年精英份子，如李登輝、林洋港、邱創煥、許水德等人。雖然被迫式的啟動吹台青的用人政策，但他還是繼續實施戒嚴令，繼續施壓台灣人。

蔣經國經過這次的刺殺事件，可能為了人身安全，直到他去逝，從此沒有離開過台灣，到了晚年，還宣布蔣家人以後不再接班。

人權律師幫助成功獲得保釋

阿兄和自才雙雙被關後，他們需要有好的律師來為他們的政治理念做辯護。但台獨聯盟最初代他們聘任的律師因對政治案件的處理經驗較不足，因此，他們保釋出來後，就需要另外再找對政治有理念和人權關懷的合適律師。

最後他們決定了三位律師，第一位是 Leonard Boudin，他是一位極受尊重的進步律師，辯護過很多改革者和革命者的案件。第二位是 Victor Robinowitz，是 Boudin 的合夥人，也極為同情被壓迫的人民。第三位是檢察官出身的 Nicolas Scopetta。此外還有阿兄在康大的一位社會學教授 Jay Shulman，他有一套篩選陪審團的方法，對辯方律師幫助不少。

阿美就開始和這幾位律師深入討論，她認為這幾位律師都非常優秀，也很有國際觀，更重要的是了解及同情台灣人所要追求的目標。最後選定自才的律師是有國際經驗的 Victor Robinowitz；阿兄的律師是 Nicolas Scopetta，他是義大利裔第二代。當時紐約的警界非常黑暗，貪污嚴重，法院開始對警界大清掃，就是派這位律師擔任調查工作。有機會和這兩位律師接觸，阿美覺得她對美國這個社會有更深一層的認識和看法。

他們和律師討論後做成了三個重要的結論，也調整了幾個基本的策略：

第一是拉長審判過程，讓他們兩個當事人有較多的時間為海外運動從事宣傳工作。

第二是為沒有開槍且有妻兒的自才，尋找減輕判刑的依據。

第三是為阿兄取得輕判的機會。

但自才向陳榮成教授越州借來的槍枝是登記有案的，檢方找到陳榮成時，逼他為檢方作證，他成了案情發展重要的污點證人，自才就變得很難脫罪。後來案件的發展愈來愈不利他們時，阿兄在審判的後半段，對向獨裁者開槍自認有罪，希望有助於自才的脫身。

自才因為有妻小，必須先讓他保釋，這是大家的共識。1970 年 5 月 26 日自才走出了大墓拘留所。阿兄則在同年 7 月 8 日保釋出獄。

保釋後繼續參與台獨運動

被保釋出來的自才，再度回去建築師事務所上班。阿兄也返回學校繼續未完成的博士班學業。他們仍然參與台獨運動，同時積極跟律師討論辯論的策略。

在討論策略時，大家都很清楚，其實美國官方也知道國民黨在台灣的所做所為。但當時的美國政府正積極想著要和中國建立友好外交關係，所以，只能盡力來安撫國民黨。

這是個非常典型的案例，當美國政策和自身利益有衝突時，一定會睜一隻眼、閉一隻眼的帶過，假裝沒有事；甚或是以自身利益為重來思考利害關係。

424 刺蔣案的審理,蔣政權從頭到尾都非常積極參與。國民黨認為事關國家安危,無論如可,一定要嚴辦,而且不能釋放二個人。

基於這些理由,國民黨政府努力向美國國務院施加壓力。甚至還不斷提供紐約的檢察官「相關資料」。同時請了一位美國的老律師在開始聽審時就坐在檢察官身邊。

有時候這位老律師也會請他的助理違法去坐在只有法官、記錄官、檢察官、被告辯論律師才能入座的位置,努力在收集資料。經過大家的激烈抗議後才停止出現。

另外還有 3 位國民黨派去的特務,從頭到尾都坐在旁聽席做記錄,並且觀察所有的動態,包括有多少台灣人去參加旁聽或做証,企圖威嚇。雖然如此,還是阻止不了熱血的台灣人敢去旁聽席,也敢出面出來做證。

在法庭內經過多次審理及激烈辯論後,法官決定在 1971 年的 7 月 6 日宣判。

艱難時刻考取蒙特梭利教師資格

天無絕人之路,就在阿兄和自才被保釋出來的同時,之前阿美參加蒙特梭利(Montessori)教師訓練班的錄取通知單,像及時雨般來到她家,讓她興奮不已。

在準備師資訓練和應試的這段期間，她特別積極認真，勢在必得。她知道她在跟「時間」比賽，這和以前在台灣或拿獎學金讀書時的環境和壓力不同。

最終的結果，她戰贏了「時間巨人」，如願拿到教師資格而終身受用。這簡直就是上天送給阿美的一份大禮物。

能當蒙特梭利的老師已經不只是她的一個夢想而已，而是她的一盞明燈。是她在困境中的一個重要求生技能，她可以靠著這個技能撫養她的孩子，支撐她的家，意義就特別重大，讓她不得不相信真的是有神明在保庇。

這個教師資格讓她後面要走的路變得平順，也墊定她一生投入語言教育的一個重要里程碑。這包括她在去瑞典、英國、美國等地方的工作，還有對「424 續戰」中的進程，有很重要的意義和功能。

阿美在 1971 年 8 月寫給多桑和卡醬的信上，除了報告阿兄和自才的情況外，也報告她考入蒙特梭利教師資格的這個好消息：「我已經和學校說好了，學校對我的表現非常滿意，兩個小孩可免學費入學，9 月中就開始試教。」可見她對這個師資資格的取得有多麼的高興，也流露出她的驕傲和安慰。

棄保逃亡

法官的宣判預定在 7 月，阿兄和自才面臨了選擇坐牢或棄保逃亡的兩難抉擇。有人認為阿兄應該遵守美國的法律，好好去服刑（可能 15 年），才是「真英雄」，否則就是「狗熊」。

阿兄卻說：「我一開始就沒有坐牢的想法，反而案發時，僥倖未死後，就開始計畫走入地下了。其理由是：在全球各地扶持獨裁政權的美國政府是蔣政權的大老闆，我既然有理由對小夥計開槍，也就沒有理由在還有選擇時，去乖乖遵守大老闆的法律而去坐牢。

除此之外，逃亡並不是表示要放棄運動。另外，作為一個學社會學的人，我從來不認為我是什麼英雄。在不平常的時代和環境裡，總會有許多平常人做出他們平常不會做的非常事，否則世界上就不會有革命。台灣的民主化時期也就不會有那多人走上街頭，我只是這許多平常人之一。因此，與其說個人的『英雄』，不如說非常時代的集體『英雄現象』。」

審訊結束，法官判兩人有罪，並宣布 1971 年 7 月 6 日，阿兄和自才要出庭接受宣判。根據美國法律規定，這種罪刑兩人合計加起來最少在 7~32 年。經過和律師們從各種角度慎重分析討論後，他們決定逃亡而走入地下，繼續用各種不同的方式及管道來為台灣奮鬥。

這樣的決定，對阿美來說是預期的。事實上，在 424 刺蔣前，就已經做好選擇及心理準備，事情的發展及演變，都在她的預料中。她也深覺阿兄及自才兩個人在監獄外比在監獄內還安全，也可以對台灣持續做更多更有利的抗爭運動，對台灣追求民主自由的發展有更大的貢獻。

阿兄和自才沒有到庭接受宣判而選擇走入地下，有一些台灣人對他們的棄保潛逃甚感不滿。於是又一次對阿美施加極大的壓力，要她勸他們回來接受判決。

阿美面對這種種的壓力，並沒有屈服，反而更加堅定她要保護他們的決心。因為阿兄和自才的行為是為了台灣前途而觸犯美國法律，他們完全是基於政治動機，法庭不應依一般罪行而加以審判。台灣人沒有理由要求他們要接受這樣的判決。

另一方面，對阿美來說，阿兄和自才的逃亡，不管是在情感上或是生活上，等同於失去兩個至親的依靠。愛，沒有選擇，這意謂最後的出口，只能從自己內心出發來承受。少有人可以如她，為普救台灣人的集體歷史，同時瞬間在生活中失掉兩個至親至愛，必須獨自堅強向前行。

一家三人都是革命行動者

424刺蔣事件發生那一晚，阿美把那支家中的手槍丟棄到河底後，隨即想著在台灣的多桑、卡醬及弟妹們的安全。她獨自一人在暗夜中，一直想著家人接到這突如其來的訊息，將會不知如何處理，也一定汲汲於要追問真相。對台灣的家人來說，一家三口人全部參與，這簡直無法想像，這謎樣的事件是怎麼發生的？

她感覺到多桑、卡醬在太平洋另一邊凝視著她，內心充滿著迷惘、質疑？這個乖巧的女兒到底發生什麼事？接著呢？一連串的想像在她腦海中翻擾，思緒像鞦韆一樣高低亂盪。

多桑他們絕對無法理解，更無法想像，在遙遠的美國，這些孩子頭腦到底在想些什麼，怎麼可能在出國不到幾年的時間就做出這麼不可思議的大事件？況且，更無法接受的，還不只是一個人參與，而是一家三口全都綁在一起？對多桑、卡醬他們來說，一定是一種無法承受的苦難，也是情何以堪的處境

台灣在六〇、七〇年代，經歷過228事件後，國民黨開始實施戒嚴法，同時也開始一連串的清鄉運動。社會的氛圍是恐怖不安的，尤其是知識份子，家中一旦聽聞有人涉及政治案件，不管真假，警總全面追捕，錯萬不漏一，造成全民如驚弓之鳥。

最難為的是，身處周圍的社會環境就瞬間轉換，親友們為了自身安全與安定，親情頓時消失；甚至連累兒女成為被同學、同事嘲笑、孤立、霸凌的對象，最後只能孤寂仰鬱一生。

這種白色恐怖的狀況，早在他們學生時代從師長所遭遇到的迫害，就已經聽說，相信他們兄妹也曾料想過。但就如他們所說，如果要考慮親情的糾結，就什麼事也動不了。不過，內心對父母還是抱著深深的歉疚。國事、家事難以兼顧時，智者永遠選擇他必須堅持的道路。

阿美擔心的事終於發生了，424 這一槍響，快速的振盪到太平洋另一端的台灣家人。無一可以倖免，包括夫婿的家人和自己的父母等人，馬上被警總盯上，管區員警天天到家「關懷」。我們無法想像一時間家人的驚恐、焦急、無奈，還有伴隨而來的困頓處境。

就如阿美所說：「家人在台灣，什麼事都不知道，他們更不知道我們頭腦內到底在想什麼，也無法跟他們解說清楚。」在沒有電話、網路，只能靠書信往返的年代，這真是一個大難關。

跟國民黨政府鬥智的妙計

身邊至親不在，兒女幼小，如何排解台灣家人的困境，阿美心急如焚。但聰明的她，用盡心機，想出妙計來和國民黨政府鬥智。

透過各種資訊來源，得知美國《紐約時報》記者 Donald 即將訪台，她隨即去找到這位美國記者，拜託他們有空時去探望父母，有機會為他們解釋所發生的事情。

　　於是，阿兄的政大研究所同學謝聰敏（1964 年與彭明敏、魏廷朝等人起草「台灣自救運動宣言」而被以叛亂罪判刑 10 年，而彭明敏成功逃出台灣）就冒險帶著記者去找多桑、卡醬。台灣政府官僚最怕美國記者，絕不會限制其行動。這漂亮的一球，成功達標，圓滿完成任務。

　　多桑、卡醬及家人接獲到這些訊息，雖然大致了解事情發生的前因後果。但他們想這種事的發生，不應該就是別家的孩子才會做的事嗎？實在是無法理解自己孩子們的想法和做法。

　　特別是卡醬，千思萬念的就是兒女的安危。多桑經歷過 228 事件的衝擊，一生在公務體系工作，對國民黨的白色恐怖統治有深層的認識，逐漸了解兒女們的做為。不過，內心深處還是萬萬沒有想到，打破國民黨體制的巨大工程，竟然發生在自家兒女身上，而他們也只不過是出國唸書的一介書生而已啊！

　　當年的時空環境，阿美也很清楚，寫回去的家書一定會被檢查。故她心思細膩的想，信件一定要寄「掛號」，這樣可以確定父母是一定會收到。為了保護無辜的父母，面對警總，一切「可提」的事，坦誠最好，她都會實實在在的跟父母說清楚。

信抵台灣後，有時是警總的人直接送到家裡。有時候警總的人會去問父母，有沒有收到女兒的信？其實警總已掌握所有的訊息，只是試探他們的誠信而已。

　　為了讓信件確保送到父親手上，她會在信中預做伏筆。例如，故意在信上會直接說，如果沒有收到信，就要父親去郵局查，因為是掛號信，她在美國這邊都可以查得到。而且這邊郵局的人跟她很熟了，也知道她的特殊身份，如果讓他們知道沒收到掛號信，人家一定會拿來當笑話，搞不好還會引起記者的興趣，這對國民黨政府官僚是很沒面子的事。

　　1970年9月30日，阿美有寫一封給多桑的信其中一段：

親愛的 pa-pa、ma-ma：

8月20日我用「掛號」寄了信給您們，內有附20美金，還有阿兄跟阿青和阿傑一起做的4張相片。一個禮拜前有收到 pa-pa 寄給阿兄的信，裡面並無提起我寄的掛號信。

假設沒有收到，請去郵局查一下，掛號的收據我都有保存好。這裡的郵局人員跟我都很好，如果他們知道我寄回去給您們的信沒收到，那他們就會去查。

有時候他們也會很關心主動問我信是否有收到。甚至也會和我打賭這次信會收不到，這表示他們知道我們的狀

況，也很關心我們的處境，有時候還會在他們的聚會時提出來和朋友們當做笑話來秀，突顯出台灣的專制不民主。

除此之外，信內還提到她一切都過得很順利也充實，阿兄和自才雖因案而逃亡，後果會如何，目前無法預知，但希望家人不要為此擔心，也希望多桑就去做他愛做的工程工作。她對阿兄和自才他們兩個人永遠有信心，相信他們會好好照顧自己，在海外的台灣人也不會讓他們吃苦的。

為了保護台灣家人的安全，她一直等到阿兄和自才安全轉入地下的消息後，才寫了這封家書。她曾自喻，這時候的她，就以一隻「母雞」保護著所有周圍相關的「小雞」的心情在和國民黨拚鬥，也對自己所做的事負責。

後來因為忙碌的生活與家人安全的考量，漸漸和家人中斷通信，只能偶而透過親友得知父母及家人的近況。雖家人也認為這樣比較清靜，但思念更是一種無形的情緒折磨，大家只能承受。如今的你我，很難理解他們各自所承受的重量！

424「這一槍」驚心動魄擊出後，改變了晴美所原有的一切，但這卻是一個她自己一手安排的戲碼，一個她得自己概括承受的重責。這些變動成為她無法逃遁的命運，我們實在難以想像，她堅韌的意志力來自何方？

07 救夫

　　424 那一刺蔣的槍聲，是台灣人針對外來統治者的不平之聲，也是台灣人對外來統治集團權力核心最直接的出擊。它宣示了台灣人要獨立建國的心聲，也給獨立建國運動帶來空前的鼓舞作用。

　　槍聲響出後，驚醒了海外的台灣人，一時間積極進行募款，希望能盡速將黃、鄭兩人保釋出來。這個槍響同時也讓國民黨當局感到震怒、驚訝與不解，因而加深對台灣人的嚴厲管治。

　　這時期已經被關在獄中的政治受刑人多少已風聞海外有人要槍殺蔣經國，尤其是主張台灣獨立的受刑人。一方面他們心中感到振奮，但同時也感受到整個獄中的氛圍是非常恐怖，這樣的氛圍下，任何人不能有任何異議差錯，否則下一刻會發生什麼事，無人知曉。

　　根據台灣當年因「台獨案」政治案件，1969 年一審被判 8 年的許曹德先生的描述，當時他提出上訴試圖爭取有利判決時，卻因為 424 槍殺案的發生，毫無理由又被

改判為 10 年，還被送到綠島服刑。這莫名其妙多出的二年，他往後有時會開玩笑的跟自才討公道。

獨盟的分裂

棄保逃亡前，黃、鄭兩人有做過非常縝密的思考及評估，自才認為其中有二個重要指標，其一是，隨著他們的入獄，槍殺蔣經國的義意及獨立建國的理念，將因為入獄而會停滯消失於獄中。

其二是，以國民黨當年的勢力，他們極有可能在獄中被黑道暗殺作掉。

當黃、鄭兩人棄保潛逃後，開始有人對他們兩人感到不滿，認為他們的棄保，將好不容易籌足的保釋金會因而被充公，這有虧待當初捐款人的心意。但也有人認同他們，希望他們因為棄保而把台灣人要獨立建國的心聲，隨著他們而持續發展。

還有一派以聯盟領導人為主的人認為，聯盟才剛在年初成立不久，他們強力要確保組織的完整性，不要因此案而被解散。因此，聯盟花了為數相當可觀所募來的錢，請了名律師為聯盟進行遊說，這件事也引起另一派人的強烈不滿。

於是這些反對自才和阿兄棄保潛逃行為的人，強力對阿美施加壓力，希望她能勸兩位面對刑法。但阿美不為所動，堅信夫、兄兩人的選擇是正確的。台獨聯盟也因為這事件而有了強大的意見分歧。

　　其實，從一開始槍響後的路線之爭，聯盟就因而分為兩種不同意見。一派人認為，雖然這是盟員個人的行為，但他們個人只是代為聯盟執行這個不可能的任務，組織應該勇於承擔。另一派人堅持，這是他們個人的行為，就得自己承擔。

　　阿兄和自才的棄保潛逃，又為海外台灣人投下另一顆震撼彈。聯盟內又引起另外一波的爭議，台獨聯盟自此後正式分裂。主張保護阿兄和自才那一些人因此離開台獨聯盟。聯盟組織因而改組，主席蔡同榮辭掉主席之位。

　　的確，那一些從聯盟出走的人，之後強力支持黃、鄭兩人。這些人散居在美國各地，甚至歐洲、加拿大。黃、鄭兩人往後的逃亡和政治庇護，大致由這些人的串連和保護而完成。這批人有人日後也和在日本的史明結合，成立一個名為「獨立台灣新民會」的組織，繼續為台灣獨立建國而努力。

流亡瑞典

自才於 1971 年 6 月 25 日離開美國。首先落腳於中立國瑞士，但驚覺瑞士並不是一個適合庇護他的國度。於是在 7 月 14 日，只好循著不久前由台灣潛逃出境的台大教授彭明敏之路轉往瑞典，也成功取得瑞典政府的「政治庇護」。依國際人權慣例，已被當局核准的政治難民，依法就可以安全定居於該國。

1971 年 11 月 20 日，阿美帶著 6 歲的日青和 3 歲的日傑，從紐約遠赴瑞典與自才在斯德哥爾摩重聚。雖然可以一家團聚，但逃亡流浪的日子也是從那一刻開始。

他們一家人安居在斯德哥爾摩市附近的利町格小島，日青開始上學，日傑去了幼兒所。阿美和自才也開始到語言學校學習瑞典文。全家人受到瑞典政府的政治庇護，他們褪下了過去那段驚心動魄的日子，如同褪下那件穿了多年的濕衣服，準備輕身游泳去了。他們因此告訴自己，糾結的已經過去，今後的每一刻都該平安喜樂。

而阿兄自棄保後，無人知曉他落腳何處，自此人間消失。直到 1996 年成功偷渡回台公開露面，才結束他 26 年黑名單的流亡生活。在失蹤那麼多年歲月裡，沒有人知道他身處何方，甚至連最親密的友人都不知道。沒有消息就是好消息，最後，大家以關心的心態，祝福他一切順利平安。

世界如常運轉著，時間也繼續滴答，阿美一家人平靜的生活著，在和樂的氛圍下，安度著每一天的日常。但任誰都沒有預料到，隱藏在平靜後面的大風暴正朝著他們狂撲而來……。

美國向瑞典提出無理引渡

平靜美好的日子才過了半年多。1972 年 6 月 30 日，美國政府因應台灣國民黨的請求，卻向瑞典政府提出「無理」引渡鄭自才的要求，希望將其押回美國接受審判。而小國家的瑞典政府居然有條件接受強權美國的引渡要求，直接將鄭自才拘提入獄。

這突如其來的惡耗，讓大家措手不及，當下也不知所措。發生這麼重大的事，阿美一時間陷入驚恐迷離的思緒中。但待她心靜下來後，她即刻轉速思考要如何應對這個困境的到來。下一個分秒該如何處理？救援的行動需分秒必爭，她得整裝待發。

在人生地不熟的國度，一度讓她心慌意亂。面對孩子的安頓、訊息的傳達、救援團體的聯繫等等，都必須由她一人以妻子的角色，獨當一面來處理。幸好，她居安思危，秉持一貫平穩的心態，配合她平常逐漸建立起來的一套危急求救系統，開始了行動。

一連串驚心動魄的救夫行動正進行中……。

安頓好孩子的照顧問題後，她即刻聯絡國際救援組織。在一連串的聯繫工作和緊急應對下，由國際人權組織串連做救援的處置。引渡的程序，最後是由瑞典最高法院判決同意引渡。瑞典政府這樣的政治操作，引發瑞典國際人權團體強烈不滿和撻伐。

瑞典政府在強烈輿論指責下，總理不得不出面公開承諾兩點：「第一，要求美國政府不得將其人送回給台灣的政府；第二，在服完刑期後，歡迎他回瑞典定居」。

在監獄外絕食抗議

拘禁於瑞典監獄的鄭自才在收到宛如死亡敕令的收押後，於 1972 年 8 月 31 日開始了在獄中滴水不沾的絕食行動。阿美也在監獄外展開救夫舉動。於是，好幾十位瑞典年輕人主動輪流陪伴著阿美，呼應在獄中絕食的自才，同時開始在監獄外絕食抗議行動。

這樣的政治事件引起瑞典社會極大的注意，每天都是頭版頭條的政治新聞焦點。幾近一週後，救援抗議行動無法有效阻止政府的遣送政令。獄中絕食的自才身心違和、身心交瘁，但仍無法有效阻止被引渡。

瑞典是個非常可愛的北歐海盜王國，國家一向以中立
國為傲，人民更以人權關懷為最驕傲的精神指標。當得
知政府政策失信於民時，他們就會群體抗議。在他們獲
知已被政府政治保護的鄭自才，因高等法院的判決，必
須接受引渡時，瑞典人展現了他們高度人權關懷的力道，
並付出實際行動。

　　這一天終於來了！自才將被送到機場，遣返美國受刑。
很多瑞典人於是躺在進入機場的道路上，企圖阻止押送
自才的車輛經過。幾經折衝，押送車子只好轉換車道，
才順利押送到機場上了飛機。鄭自才面對遣送，從頭到
尾採取抗衡態度，但還是逃不過政府的公權力。

丹麥機場急救，轉送英國監獄

　　最後，自才還是被強制用推車送到機場，上了飛機。

　　飛上天的自才，經不住身心的折磨，再加上空高壓的
侵襲摧殘而上演一場「驚魂記」。一個星期來的絕食抗
議行動，讓他體力不支而昏倒在飛機上。由於飛機上的
急救系統無法有效救治，飛機只好緊急迫降在丹麥國際
機場急救。

　　丹麥政府面對這個沒有身份的政治難民不敢收留，自
才成了一個國際「人球」。最後經過國際特赦組織協調

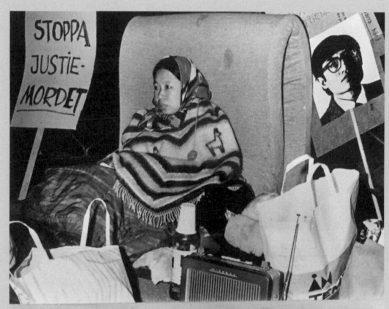

1972年9月1日黃晴美在斯德哥爾摩的龍鳳島（Longholm）
絕食抗議。

英國政府，英國政府才有條件同意收留。這個條件是，
美國必須重新在英國提出引渡程序為要求。

　　這樣的轉折，在英國又上演了另一齣戲劇性的戲碼。
自才也因此案，進入了第三個國家的第三個不同的監獄。
也驗證了他的評估，424 槍殺蔣經國「那一槍」，隨著他
的逃亡而不斷延伸，引起了國際關注，把台灣問題國際
化。

　　自才被押送到英國關押後，這時阿美的戰場，就得由
瑞典轉移到英國。她來往於瑞典和英國之間，展開救夫
的司法救援行動。自從 424 槍殺案後，這一路走來，她
連接的從美國「大墓」看守所，到瑞典的監獄，再來到
了英國監獄。

　　從當初的驚恐懼怕到後來的遊刃有餘，那是經過多少
煎熬、折磨和淚水所累積而來的。這一切都得靠她的智
慧和堅強的意志力來支撐。

引渡訴訟列入英國人權 60 案

　　英國政府要求美國再度向英國提出引渡的程序作業，
於是這個政治案件在英國打了訴訟。美方正式向英國提
出引渡申請，啟動了在英國長達 7 個月的引渡司法程序。
這時的自才被關在英國倫敦的監獄內。

在辯護過程中，自才雖然認為行動本身的動機是因政治理念，但也承認不是台獨聯盟團體下令的政治活動，而是他們個人的行為。這種結果成了「個人暴力」事件。1973 年 4 月 16 日英國最高法院二票輸給三票，輸掉了官司——自才必須被送回美國接受判刑。

這個官司也成了英國近年著名的六十大司法案件之一（英國人權 60 案）。

夫婿從英國押送回美國接受審判

6 月 14 日，自才被兩名美國聯邦幹員又從倫敦監獄押飛上了天，回美國接受審判。

阿美在努力奔走營救之下，仍然無法挽回逆境，失望之餘，只能接受這樣一個殘忍的現實。

被押送回美國的自才，於同年 8 月 8 日被紐約州高等法院以企圖殺人及非法持有武器兩項罪名各判 5 年徒刑，同時執行。

國際間，一個政治殺手的罪與罰，在歷史軌道中繼續往前行。黃、鄭兩人的這一顆子彈，改變其一生，也改寫了台灣歷史，台灣民主運動的足跡，因此持續往前再邁進。

美國法院判決有罪，發送歐本監獄

1973 年 8 月 22 日，自才被發送到雪城西南方約 50 公里的歐本（Auburn）監獄。當時的好友及同志王秋森教授正在附近的雪城大學任教，就近每個週日去探望他一次。遠在瑞典的妻小無法前來探訪情況下，真是自才最大的精神慰藉。

自才被送返美國服監後，整個 424 案件有關司法的部份終於塵埃落定。

鏡頭再轉回到瑞典，遠離了夫婿和台灣人的集體意志，阿美和孩子們仍然得在瑞典繼續過生活。一切的轉折，雖然超出她的預期，但生命之重，沒有什麼是無法承受的，也只能承擔，這是她的信念。

阿美獨自一人在冰天雪地的瑞典撫養兩個孩子，由於她一直都是專修語言，在英文和瑞典語文的表現特別優秀，又領有蒙特梭利的教學資格，於是在政府的移民教育體系的母語訓練局中，擔任中文及台語的母語老師，同時幫移民局做瑞典語和中文的即時翻譯工作，這一切的安排，有命運之神一路引領她走向生命光芒。

探監之路迢迢

1973 年的聖誕新年假期，阿美和孩子們好不容易盼到可以遠行探訪夫婿和爸爸，多麼令人興奮的消息，尤其是兩個孩子。阿美帶著日青和日傑千里迢迢由瑞典搭機飛到紐約。

在獄中的自才更是期待！他生命中最不能承受之重是對兒女的輕怠。為了國家，一切對兒女的私情，只能化為輕羽。但身上對兒女的情感糾結，在入獄後轉為不可承受之重。現在，在分離數月後，終於可以見面了，他覺得很幸運，也感到高興。

12 月 23 日聖誕假期正式開始，他們抵達了紐約州的雪城後，就近由好友王秋森教授全程陪伴，也入住他們家。因為聖誕假期只有短短的兩個星期，「歐本」監獄發揮了人道精神，考量他們因路途遙遠，平日又無法探視，特別通融一家人可以「天天」去探監。

「歐本」監獄其實是知名專門監禁重刑犯的監獄，光是進出監獄就要通過五道層層的關卡。這次的通融，無疑是發揮人道精神的最佳典範，法理外還是有人情價值的存在。

監獄這樣的安排，全家人感恩。但每天的接送問題，卻苦了王秋森教授，他只好找另外當年就讀於雪城大學的郭勝義先生與他輪流接送。

王教授回憶說：「在 424 刺蔣案發生後，我看到阿美面對的困境，默默承擔壓力，沒有一句怨言，我心中的感觸真是難以言喻。」可能也因為如此，王秋森教授全家無怨無悔的協助這一家人，格外令人感動。出門在外，受到這種猶如親人的對待，讓阿美感動萬分，他們自始至終都是一輩子的好友。

　　美國東北部和北歐的冬天，同樣冰天雪地，嚴峻冷冽。阿美一家人就在王教授和郭勝義先生輪流開車接送下，往返於監獄和王教授家。雖然每天的面晤只有短短的幾個小時，但也為全家帶來短暫團聚的家庭溫暖。尤其是自才，他可以宣洩埋藏在內心長久來對兒女的思念，即便在監獄內狹窄的空間，仍然展現出他對兒女的寵愛。

　　而對日青和日傑來說，爸爸的擁抱是最溫暖也是最幸福的。阿美還是如往常，維持她一向的優雅和不疾不徐的態度面對夫婿，重重的壓力和責任，讓她把感情隱藏在內心。

　　除了對夫婿的情感外，更重要的是，她心頭還沉浸在對阿兄的思念，她惦念著她的阿兄。她奢望此時此刻在和夫婿相聚時，也同時能和阿兄相連結。這樣的連結，讓他們可以再回到以前，兄妹間的那股難以言喻的感情和生命基調。

日青、日傑獄中驚魂，險誤祕密行程

時間在滴答中流失，很快的來到假期的最後期限。最後那一天，外面天氣特別冰凍。當他們來到監獄外時，小小的日傑一不小心，在凍得發硬的雪地上滑倒了，痛得他無法行走而困在獄內。後來經過監獄的協調，趕緊由王教授開車帶著阿美和日傑到醫院急診室緊急就醫。為了能把握探視的時間，日青就留在獄內陪伴著爸爸。

天漸漸暗了，阿美他們仍然在急診室等候醫師的來診，眼看探監時間快到了，他們心急如焚，但還是無可奈何，只期待醫師儘快看診。

而在監獄內，會客時間終結，自才還是依規定，被迫返回監房，留下孤伶伶的女兒日青，等著媽媽回來接她。等啊等，就是等不到人。獄卒眼看著日青一直在低泣，於心不忍，乾脆一不做二不休，一路飛奔開車把日青送到醫院，來和他們會合。

這時，阿美他們終於結束了看診，急切返回歐本監獄。但此時監獄大門已深鎖。阿美不得其門而入，也不知道該如何找到女兒，更不知道女兒下落何處。他們急得像熱鍋中的螞蟻，不知所措。

在電話通訊不發達的年代，原來兩輛焦急的人車，交錯而過。最後在往返尋覓之後，費了一段時間，才終於得以相會，結束一段「驚魂記」。

這一天的驚魂隨著接下來的秘密行程，持續延伸著……

探監發生的意外，讓他們最後一天的時間有了延誤。匆匆忙忙吃過晚餐後，依行程的安排，阿美和孩子們必須搭車先到加拿大，然後才飛回瑞典。這是個秘密行程，仍然由王秋森教授負責開車，護送他們通過加拿大邊境，然後才由加拿大的同鄉張維邦教授再負責把人送到已經安排好的地點會合。

感謝王秋森、張維邦二位教授

一切照著事前的準備進行，但人算不如天算，晚上氣候轉惡，下起了大風暴。王教授開車沿著 401 號公路緩步前行，風雪「咻！咻！」不停的怒吼，雪花不停的飄。車子在濃雪冰霜又路滑的路面上，只能緩緩前進，打滑的路面，險象環生，許多車子滑出了路面。

孩子們坐在車內，因白天所發生的意外而累得睡著了，但阿美卻得陪著王教授注意路面的行駛。他們的車子也數度滑行，所幸並沒有滑出路面。這種天候讓他們的行程延誤了。

而在加拿大另一端等候的張維邦教授心急如焚，在沒有電話可以聯絡的情況下，只能靠祈禱來化解內心的焦急。最後，終於安全把他們交給了張維邦教授，才化解這次的驚險行程。

166

王教授多年後，憶起這段風雪黑夜中行駛的驚魂記，仍心有餘悸，依然感到心口絞痛說：「世界這麼冰冷！」

　　現今追憶起這段神祕行程，就是安排他們去探望流亡中的阿兄。

08 流浪者之歌

　　刺蔣案的部份刑與責，因為自才被引渡回美國判刑入監執行，終告塵埃落定。但有關阿兄的行蹤還是成謎。

　　自才在美國被判 5 年刑期，依美國刑法，只要坐滿一半就可以假釋出獄。他的受刑執行包括了在瑞典、英國和美國，總共只要關滿 2 年半，就可以走出陰霾，全案終結。1974 年底，自才已經服完刑期，他選擇返回瑞典和妻小團圓。

　　424 刺蔣案四位執行者最終各有不同的命運造化。

　　黃文雄自從離開家後，就此人間消失，隱藏在世界的某個角落，持續關心台灣的政治發展。直到 1996 年成功偷渡返台。當年已經解嚴，也解除刑法 100 條，包括黑名單的解禁，因此他沒有被起訴判刑。

　　鄭自才一案打了好幾個官司，坐過 4 個國家的牢，美國、瑞典、英國及台灣多個不同的監獄。這包括了 1991 年成功偷渡回台，還因為「黑名單」 逃回台灣被國民黨政府判刑 1 年，俗稱「報老鼠怨」。

因為刺蔣案已經在美國宣判並執行完畢，在一案不能兩判，而且已經過了追訴期。以李登輝總統為首的國民黨政府，為了安撫那些擁蔣經國的保守勢力，只能以黑名單來進行刑罰，是所有黑名單中被起訴判刑坐牢最長的人。

賴文雄因為沒有公開其參與，也因而順利留在紐約。直到 1991 年代表海外當選第二屆僑選國大代表，才順利回到台灣。

黃晴美最後終其一生和兩個兒女被迫居留於瑞典。

根據賴文雄太太秀貞姐的回憶，當年賴文雄一直都從事海外台灣人獨立運動，而她則在由台獨聯盟集資所開的東方食品店打工賺取生活費幫忙養家。她是傳統女性，只是支持先生的志業。她雖然有看到短槍，卻不敢問，幸好，當時不是賴文雄持槍，身份沒有曝光，也因此家庭沒有受到影響。但想到事發後，聯邦調查局探員一直來食品店詢問，她內心感到很害怕，但她真的什麼事都不知道。

秀貞姐認為黃晴美是非常有獨立思考而且能幹的女性，事發後的種種表現令人敬佩。她說：「在我的心目中，晴美是位台灣民主運動史上最勇敢的女將。」

1980 年攝於斯德哥爾摩，左起為晴美、日青、清桂、台民、
日傑。

與台灣家人重逢的喜樂和哀愁

在 424 事件發生後的 1980 年，經歷了 10 年的種種煎熬，受盡折磨和思念的多桑和卡醬，透過各種不同的方式，尤其是他們那個經商有成的三弟富雄的奔走，終於又和阿美聯絡上了。事經多年，國民黨的情治單位也漸漸減少對他們的監視，也或許故意「放餌」，突然特別允許多桑和卡醬到瑞典去探望阿美和孩子們。

這是個多麼令人振奮的好消息，大家都懷著期待的心情要相聚，特別是卡醬， 她這十多年來朝夕思念的就是這些孩子們，尤其是阿兄。但在期待中也帶著不安，深怕見不到兒子而希望落空。第一次搭飛機，千里迢迢由台灣來到北歐的瑞典，一家人高高興興的團圓了。阿美看到多年沒見面的雙親，真是百感交集。

當年英姿煥發的多桑，經歷自己工作被誣告的官司折磨，加上兒女反國民黨的政治事件，蒼老的臉頰上增添好多深紋。卡醬更是令阿美感到心痛不捨，她帶著幾乎無法挺直的腰痛，硬撐著搭乘飛機，對卡醬來說是一種折磨，但為母則強，她忍著老邁身體一路挺過來了。

而最令阿美不捨的是，在團聚的歡樂氣氛中，總是看到卡醬臉上多了一層憂愁和盼望。她期待著兒子隨時會出現在她面前，而這不也是她這次出來的主要願望嗎？

幾天過去，仍然看不到兒子，阿美又默不作聲，於是她不忍了，直接問阿美，何時能和阿兄見面？

被卡醬這麼一問，阿美也跟多桑和卡醬認了，這次的團圓，只能「團半個圓」而已。為了阿兄的安全，這次真的無法見到阿兄。況且阿美也不知道阿兄身處何地。

卡醬聽到這個消息，失望、痛苦，加上多年的思念，她傷心至極，禁不住而嚎啕大哭，不知何年何月才能見到這個從小就和她一起吃苦長大的大兒子？為了安撫失望中的卡醬，阿美保證：「從朋友處得知，阿兄身體很好，生活也沒有問題，而且繼續在做學問。如果真的有問題，一定有人會來通知，我一定會知道的。」

阿美說：「我們一定要抱持著『沒有消息就是好消息』的信念等著他出現。」卡醬一臉失望的表情，只能眼淚再度往肚裡吞。

槍響後的台灣家人

阿美自出國後，雖然有和家人書信往來，但事件發生後，在台灣所發生的事不是被隱瞞，就是沒有人提。

這次從多桑和卡醬處得知，當年事件發生後，雖然多桑和卡醬除了被監控外，沒有受到直接的大麻煩。但二個小弟往後的事業受到影響，因為大部份的人都害怕，不敢和他們合作。

台大外文系第一名畢業的小妹，受限於不能出國，只能眼睜睜的看著同學們一個個出國留學，她只好去一家美國人開設的海運公司當英文秘書。

親友們雖然很關心他們一家的遭遇，大多數的人還是不敢冒著生命危險來打交道。不過還是有一些人患難見真情，會偷偷拿錢給卡醬後，就趕快離開，這些表示關懷的親友，家人都非常感恩。

自1963年出國至今快20年，首次與多桑和卡醬的重逢，阿美珍惜著每一個和父母相聚的時刻。但當她享受著這好不容易得來的幸福時，內心深處卻同時會感傷，阿兄如果在身邊，那會有多美好……。

再度離別的苦

相聚難，離別更難，是阿美他們一家人重逢後的心情寫照。

1980年的8月1日阿美寫了一封信給好友王秋森教授中提到：

這兩個星期來，總是有個剛剛做過長夢的感覺。我的父母親照原定計劃於6月3日到達。在瑞典住了一個月。7月1日起，我陪他們到阿姆斯特丹、日內瓦、羅馬、雅典遊歷了10天，於7月13日在雅典機場把他們送上往香港的飛機。看著飛機起飛，恨不得也能跟他們一起飛去。

黃晴美最後一次回台灣與黃文雄阿兄合照。

17 年了，有太多的話要講、問題要問，但要考慮到他們回去後必通過的「訪問」，三個人說的話都要先在腦子裡過濾過。

　　我爸爸媽媽這趟出來所抱的願望只實現了一半，他們（甚至弟妹們）當然都存有見到我哥哥的希望。為了不讓媽媽太傷心，而影響到她的身體，我騙她說：有非常間接的聯絡，知道他一切都好。至於來和他們見面，則沒有可能，因為他們之能出來旅行，並不能將之看成和其他人能出來那麼單純。

　　為了兒子的安全著想，她接受了，只希望他會好好照顧好他自己。對弟弟妹妹們，我則在電話中對他們說了實話，我和哥哥跟以前在信中所說一樣，一直沒有聯絡。因為如果有人要找他的話，一定會從他的妹妹這邊著手。我相信沒有消息就是好消息。如果發生了事情，一定會有人來通知我。並且還要求他們不要拆穿了我對爸媽說的謊言。

刺客和阿母

出國第二年就成了黑名單的阿兄，在他的「刺客的阿母」文中，有一段非常感人的描述：「流亡32年，只和阿母見過一次面。為了安全，三弟富雄費盡苦心，我這邊也輾轉安排配合。見面那一天，阿母言笑晏晏，笑聲不斷，看得出來思緒重重的反而是阿爸。那晚深夜和在旅館外面警戒的同志連絡後，知道一切平靜，但仍然睡不著。

清晨四點時再也忍不住，鑽到父母床上，睡在兩人間，就像小時候一樣。也許是因為我們的文化不習慣兩代成人間身體的碰觸，阿母一時有點驚訝，但卻很快的抱我入睡。黑暗中看不到她的臉，只覺得臉上濕濕的，也分不清楚是誰的淚水。」

幸好有神明的保佑，阿兄結束32年的流亡生活，在中國飛彈陰影下突破黑名單的限制，返回自己的故鄉。在還沒有公開現身之前，他悄悄先返家探望臥床已經五年，體力和肺活量都已退化的阿母，阿母深信她的寶貝兒子一定會回來看她，她一直在等著兒子的歸來……。

這次，有機會照顧卡醬，但卡醬已經無法言語了，他們母子只能透過眼神傳言。為了能夠把握最後照顧卡醬的機會，但又不能公開身份，因為家中還有其他照顧者。

這時只得假裝是歸國學人的氣功大師「洪教授」，來幫卡醬推拿、按摩。

但這一切是演戲，而且要演得逼真，這宛如情感勒索，必須雙方都要串通好，不可以哭出來。他們母子間很努力合作，除了眼神的傳達外，最傳神的是，他在按摩卡醬腳的時候，彼此用觸覺說話。卡醬用她的腳趾夾住他的手指，暗示他，要哭以後再哭，但他的眼眶總是噙著淚水，強忍著內心的哀傷……，這時的阿兄，感嘆他回來太晚了……。

最後的黑名單

424 刺蔣案所有相關的人都因當年戒嚴時期的黑名單而被禁足在故鄉外，包括了自才第二任妻子的我。當年所有被列為黑名單份子的同鄉，都認為黃、鄭兩人絕對是黑名單的最後終結歸家者。

1990 年，我因為爸爸重病，首當其衝，幾經多次抗爭，才爭取到以外國人身份返國奔喪（依國安法規定，外國人如因政治因素，可以隨時被驅逐出境）。

第二個是我和自才的 12 歲兒子台民，他由爸爸帶到日本，然後讓他毫無選擇的，由日本獨自搭機，飛到一個完全陌生的父母的故鄉，探視已經返台的媽媽，自此被留在陌生的國度渡過他的青春期，直到去美國就學之後。

自才利用妻兒都回故鄉後，他也在 1991 年的 1 月 3 日持有在日本取得的合法中華民國簽證，從日本東京搭機由桃園機場入境，但最後被發現，在機場被五花大綁，原機送回東京。半年後，他成功偷渡回到 30 年不曾踏過的故鄉土地。

　　台灣政治環境在蔣經國離世後，由李登輝總統執政。1990 年代的台灣民主運動正方興未艾，一波接著一波，戒嚴令被解除後，接著取消了刑法 100 條，台灣慢慢走向自由開放的社會。黑名單的限制也因而解禁。

　　阿美在瑞典直覺該是返家的時機到了，為了人身安全起見，她和相處多年的夫婿培熙（Percy Andersson）先辦好結婚手續（瑞典人的同居是有法律效力的正式夫妻權益，所以結婚手續不是必要的程序），才正式攜夫返回 30 年不曾踏上的故鄉土地。自此，她每年偕夫婿返台，享受著故鄉一切的美與醜，彌補過往對故鄉的失落與思念。

　　阿兄也在解嚴後，用自己的方式返回台灣，黃、鄭一家人也因此而一一突破黑名單回到自己的故鄉，結束海外的流亡生活。

晴美在木船上自信的張帆、啟航，身手
矯健，令人欽佩。

跳瑞典探戈的晴美。

阿美的異國生活

瑞典是一個位於北歐的中立小國家，首都為斯德哥爾摩。使用的語言是語言文字統一的瑞典語，由於瑞典自第二次大戰後，開始實施社會福利制度，人民追求自由民主，也是世界著名極度重視人權的國家。

社會與家庭婚姻有異於其他傳統國家，人民對於婚姻關係是開放的，他們認為結婚只是一種形式。在親密關係中，更注重個人本身的自主性和感受。而瑞典的完善社會福利制度是由瑞典的左派社會民主黨與工會和行業合作而施行，每一個人在一生中都能享有自立獨居的生活能力。

雖然阿美在異鄉瑞典過著流亡的生活，但她卻很用心在過著她樸實而寧靜的每一天。她扶弱濟貧和對公平正義追求的左派思維，加上瑞典左派思潮的社會環境薰陶，還有瑞典完善的社會福利、人權維護至上的生活環境，也就成為她蛻化成完整成人的最佳溫床。

穩定的工作和家人的相互照顧，帶給她平靜的心靈，暫時把對家鄉和家人的思念放在一邊。最重要的是她和「老船長」夫婿永遠保持著相敬如賓的關係，彼此相親相愛生活著。

逢年過節她會照著瑞典的慶典烤著她最拿手的整隻香蒜羊腿；夏日 8 月是瑞典的小龍蝦節，她樂在其中。還有仲夏之日，她會和瑞典親友共度難得的好日子，帶著孫兒女們摘野果和野花做花柱，然後圍著花柱跳著瑞典舞。

當然，台灣的過年她更不會放過，一定會炒米粉、煮油飯等台式料理，包紅包給兒孫，讓她的夫婿和兒女們同樣可以和她一起享受過台灣新年的喜氣。

每年的夏天，也是她和她的老船長夫婿最期待的航海假期。那是一艘「老船長」木雕塑家培熙親手打造的木雕船。這艘船雕工精緻，船身大約可以容下 4 至 6 個人。他們每次從居住附近的內灣下水出航，沿著斯德哥爾摩市的灣道航行，當日往返，有時可以準備個 3~5 天左右的食糧，享受海上生活。

夏天時分，每每有人去瑞典，他們都會接待客人享受老船長的航海樂趣。2006 年，自才和我們去瑞典和他們相聚時，也曾享受過這種航海行。

在 2000 年曾經負笈瑞典研究的劉璐娜主任，曾和阿美近距離接觸，也和他們夫婦有更深一層的認識。她形容阿美時說：「……之後，我自己負笈瑞典求學和生活，更直接認識了熱愛跳舞、還有熱愛航海的培熙和賽西利亞，他們跳的是瑞典探戈（Swedish Tango）。他們熱愛

生命和享受探索，並以簡樸而不失去生活品質和樂趣方式生活。

在 2009 及 2011 年兩次和他們出海航行時，我見識到這位身軀不高的女子晴美矯健的身手，在木船上快速俐落有力的模樣，自信的張帆、啟航、收帆和確認航行的道路的明快和不慌亂。我初始也是震驚，之後卻是欣羨而喜悅的見識這樣的晴美！」

阿美近 30 年的流浪生活，並沒有被擊倒，她從一開始就調適心態，對故鄉的思念暫時儲存於心內，把他鄉變故鄉，努力用心生活。她調適得很得體，雖然瑞典的冬天是寒冷陰暗又漫長，但親人在身邊陪伴，總是帶給她無限的歡樂與溫暖。

她一生熱愛生命，也生命力十足，她的熱情時常可以帶動周圍祥和的氛圍。對週遭的人、事、物，總是抱持著好奇和感動的接受態度。縱使她在生命最後幾年飽受失智之苦，但那時的阿美已忘掉那一段風霜的歲月了。

回頭去看阿美，這是一段酸甜苦辣的生命史，在漂泊的歲月中，她獨自在內心唱著流浪者之歌，但每一段流浪的旅程，對阿美來說都是生命中美好的緣分。

熱愛航海的培熙和晴美。

由左至右：Tobe、Kelly、晴美、Alex、Naima、日傑、
清桂，攝於 2006 年。

後記 槍與玫瑰：永遠的勇者

　　槍與玫瑰自古以來就是打破威權統治者的革命手段，柔性的玫瑰戰爭不易，舉槍更是殺頭革命，是非常時期的非常手段。成者為王，兩者各有其功能。

　　經歷 424 刺蔣案驚濤駭浪的生命波動後的阿美，被放逐到了一個無形的社會監獄，雖然回歸了平靜的日常生活。卻遠離了台灣人、台灣故鄉與家人。不過，生性堅毅的阿美沒有被擊垮，反而因為長期抗爭而累積了無限的能量，建立了廣闊的社會人脈資源。日後的她，在瑞典的社會積極參加當年正蓬勃發展的各項社會改革運動，包括女權運動、國際救援運動等。

　　在她後半生的浪跡生命，和台灣幾乎是脫節的，卻心繫台灣。勇敢的她，在黑名單尚未完全解除前，她默默偕夫婿培熙成功回到近三十年不曾踏過的家門。之後年年偕夫返回故鄉，享受鄉情和親情，也接受了故鄉一切的美與醜。

　　但，命運捉弄，晚年失智，阿美和台灣的連結又中斷，直到生命的終結。

生命的終結

2018 年 1 月 30 日，因為大動脈病變在瑞典，她的第二故鄉默默離開了。她的離世，一如她一貫的作風，悄悄的，不為人知。

但經回首，在 424 刺蔣案的革命行動中，身為唯一女性參與者的阿美，在承受多種沉重角色的扮演後，卻一直沒有被看見，是無意的忽略？刻意的隱藏？性別的歧視？家人的保護？甚或是歷史的錯置？至今仍然是個謎，有待解碼！

阿美一生的奉獻，誠如林秀幸教授所描述：「就是執著於她對另一端無價存在的追求。在此，我們也許可以試著走進她的心裡。但，畢竟太遙遠，我們無法進入，只能遠觀、感受。她的流逝，留給我們的卻是一個待填充的永遠的謎。」

黃晴美一生獨立自主，堅強勇敢，為人所不敢為。回首她的生命軌跡，步步都是當代女性的先行者：

-- 在性別意識閉塞的年代，她自己掌握著生命的主導權，包括學業的追求，婚姻的選擇和人生的規劃。

-- 在男人們因害怕而遠離政治時，她卻主動參與了驚天動地的革命行動。

-- 當她的兄長及夫婿相繼因此案而被迫逃亡時，她扮演了重要的精神支柱，成了他們最堅強的後盾力量。

-- 夫婿被引渡的官司中，她奮戰不懈，全力救援，獨力撫養兒女長大。

在她短暫的生命中，永遠保持著她簡單優雅，堅毅不屈的身軀，為我們樹立了女性最美好的典範。

她曾經對阿兄說：

獨立的謀生能力讓她

能成為一個更「完整的女人」

也才能成為一個「更完整的人」

晴美，她是永遠的勇者，一朵壓不扁的玫瑰，始終保持著她的優雅，留下了美麗的身影，永遠堅毅的矗立在我們台灣人心中，綻放著芳香。

附錄一

黃晴美大事記

1939 年	12 月 24 日生於新竹湳仔（今湳雅）。
1947 年	就讀桃園市桃園國小。
1953 年	就讀新竹女中初中部。
1956 年	直升新竹女中高中部。
1959 年	就讀台灣師範大學英語系。
1962 年	9 月獲得新竹女中英語教師聘書，回母校任高中一年級英文教師。
1963 年	9 月獲得美國匹茲堡大學獎學金，赴美攻讀社會研究所。

晴美出國後，在新竹自來水廠當廠長的模範公務員父親遭誣陷害羈押並因貪污罪被起訴，後來經過上訴後，判決無罪定讞，父親辭去自來水廠工作。

在匹茲堡大學與同一條街的卡內基美隆大學就讀都市設計的鄭自才相識而相戀。

1964 年	在匹茲堡與鄭自才結婚（文雄大哥是唯一參加婚禮的家人）。
1965 年	5 月 20 日女兒日青 Jeanne 在巴爾的摩出生。
1968 年	6 月 3 日兒子日傑 Jay 在巴爾的摩出生。 鄭自才由巴爾的摩轉到紐約著名的 Marcel Breuer 建築師事務所擔任建築設計工作。全家遷居至紐澤西州的愛迪生。
1968~1969	搬到紐約市的皇后區的傑克森高地。
1969 年	女兒日青接受蒙特梭利的幼兒教育，晴美也完成蒙特梭利教師資格訓練。
1970 年	4 月 21 日參與於華盛頓安德魯空軍基地的抗議蔣經國訪美行動。 參與刺蔣小組的行動，4 月 24 日當日攜槍到紐約廣場飯店旁，交給黃文雄大哥進行槍擊。

留美同鄉很快在台獨聯盟的主導下，組成「黃、鄭救援基金」。各地發起募款活動，兩個多月募款遠遠超出預定目標，也促成海外台灣人的大團結。

5 月 26 日鄭自才走出了大墓拘留所。

7 月 8 日黃文雄保釋出獄。

1971 年　　6 月 25 日鄭自才離開美國，落腳瑞士。

7 月 6 日法官將宣判黃文雄、鄭自才有罪，兩人可能合計加起來最少在 7~32 年。經過和律師討論研判後，選擇逃亡而轉入地下，繼續為台灣獨立運動而努力。

7 月 14 日鄭自才轉往瑞典，成功取得瑞典政府的「政治庇護」。

7 月，晴美通過蒙特梭利（Montessori）教師訓練班的錄取通知單。

配合鄭自才，11 月 20 日晴美帶著 6 歲的日青和 3 歲的日傑，從紐約遠赴瑞典定居。

1972 年	6 月 30 日美國政府因應台灣國民黨的請求，向瑞典政府提出引渡，鄭自才被收押。
	8 月 31 日鄭自才獄中滴水不沾的絕食行動。
	晴美同時開始在監獄外絕食抗議行動。
	押送過程，鄭自才因絕食而陷入昏迷，迫降丹麥機場後，被送到倫敦再度收押，並展開引渡美國的訴訟。
1973 年	4 月 16 日，英國最高法院認定鄭自才應被引渡回美國接受審判。
	6 月 14 日鄭自才從倫敦監獄被押回美國接受審判。
	8 月 8 日，鄭自才被紐約州高等法院以企圖殺人及非法持有武器兩項罪名各判 5 年徒刑，同時發監執行（歐本監獄）。
	12 月 23 日聖誕假期，晴美及孩子探望服刑中的鄭自才。

1974 年	鄭自才服完刑返回瑞典。
	年底晴美和鄭自才在瑞典離婚。
1980 年	6 月 3 日父母在離別 17 年後第一次到瑞典和晴美團聚。
1991 年	7 月 6 日與公共雕塑家 Percy Andersson 結婚。
	離台 28 年後,突破黑名單禁忌,首次和夫婿培熙返回台灣。
2006 年	有早期阿茲海默症的症狀出現,之後情況變嚴重。
2018 年	1 月 30 日因心臟病逝世於瑞典斯德哥爾摩市。
	3 月 25 日台灣中社在 228 國家紀念館為晴美舉辦紀念座談會。出版《天涯・人間・晴美》(前衛出版)黃晴美紀念文集。
	5 月美國洛山磯、舊金山、西雅圖、溫哥華等地為黃晴美舉辦巡迴追思紀念。

2022 年　　黃晴美故事「雖小猶強的革命鬥士黃晴美：她是永遠的勇者」收錄於《女人屐痕 IV》。

2023 年　　4 月本書《槍與玫瑰：424 刺蔣案的民主鬥士黃晴美》出版，新書發表。

附錄二

學者專家、好友追思文摘錄

　　阿美離世後，在台灣中社廖宜恩教授的努力下，於 2018 年 3 月 25 日在台北市南海路的 228 紀念館為她舉辦了一個追思會。同時也為阿美整理出一本為題《天涯 · 人間 · 晴美》（前衛出版）的紀念專輯，寓意阿美是一位以行動熱愛台灣的人間俠女，卻因「424 刺蔣事件」，不得不浪跡天涯！

　　在紀念文集中，有多位專研台灣現代史和女性運動的學者專家，對阿美的最後歷史寫下評論和評價。還有阿兄、自才及一路陪她走過人生道路上的好朋友對她的追念。徵得原著者同意後，摘錄如下：

讓台灣人永遠歌頌這位偉大的女性

廖宜恩（台灣中社社長）

　　發生在 1970 年的「424 刺蔣事件」，對於台灣人而言，是台灣人面對中國國民黨蔣家政權白色恐怖統治下，勇敢抵抗的第一槍！對於黃晴美而言，她需要面對犧牲兩位至親，一位是兄長，一位是丈夫，還有獨自扶養兩位稚齡幼兒的抉擇！

如今，故事的女主角黃晴美已先行離開了，我們以最簡單的紀念會及紀念文集，表達對她的追思！相信以後會有更多的文學、舞蹈、戲劇等創作，來歌頌這位偉大的台灣女性！

黃晴美是綻放在島嶼精神史上的花蕊

周婉窈（台大歷史系教授）

在戰後台灣民主運動中，女性一直是背景式的存在，直到野草莓運動及其後的 318 運動，女性才成為台面上平分秋色的主角。當我們觀看《刺蔣》紀錄片以及閱讀《刺蔣：鄭自才回憶錄》，黃晴美占的分量其實都不多，甚至可以說很少，但她是質的存在，讓人感受到巨大的力量。

我想，作為一個女性，作為抵抗黨國專制獨裁統治的台灣人，黃晴美是綻放在島嶼精神史上的花蕊，是我們的寶貝。

我們必要繼承她的精神，在台灣人奮鬥的路途上，走在黃晴美的腳印上，直到島嶼天光。然後，我們要一起唱一首歌，唱一首歌頌島嶼傳奇女英雄的歌。

黃晴美是刺蔣案革命行動的參與者

陳翠蓮（台大歷史系教授）

戰後台灣威權高壓統治，政治社會菁英犧牲無數，台灣女性幾乎都是在此情況下，以未亡人身分承受男人留下的苦難。228 事件的驚惶戰慄、白色恐怖的家破人亡後，女人迫不得已之下，滿懷痛楚、含莘茹苦撐起一個家。

但黃晴美不同，她不是被動承受苦難的未亡人，而是刺蔣案革命行動的參與者。黃晴美不僅從頭到尾參與計畫，同時也是行動的執行者之一。

台灣歷史中革命女性甚為罕見，黃晴美立下一個典型。在對抗獨裁統治的革命行動中，她所表現的強韌心志與堅毅身影，值得人們深深記憶。

蘊含未知能量的奇女子

林秀幸（台灣教授協會會長）

妳臉上那一抹帶著風的痕跡的微笑是從新竹帶去的。也許是台灣強勁的東北風為妳未來的風塵僕僕的奔走預先儲存了能量。是的，妳的笑容令我熟悉，屬於台灣的，樸實又開擴的面容，一抹淺淺的笑，要放未放，卻蘊含著未知

的能量。不是嗎？我們這一代人的母親們都有著類似的笑容，憨憨的，卻難以駕馭。像台灣的野百合吧？也許。我在記憶中尋找屬於台灣的風，為人們吹出柿子餅的淡淡甜香，也吹出了一個奇女子一生的顛簸。

也許妳以獨裁者身亡之後的台灣夢來支撐妳面對的未來，無法預言也難以逃脫的未來。

從紐約的這一頭，經過的不只是人群，還是妳生命的轉捩點；到達的，也不只是槍擊地點，而是妳生命的苦難。我試著去找希臘諸神，有那一位女神曾經這樣安排自己的命運，走一局幾乎走不下去的棋局。找不到，神界沒有留下這樣的典型，讓後人追隨。「犧牲」是一個典範，不管在何處的歷史還是神話，在台灣，或是遠古的希臘。但是似乎沒有一個這樣的犧牲，是屬於妳的故事。

我不確定妳當時怎麼想，何以如此勇敢。回想我曾經私慕的女性，我找不到這樣的典範，但是我卻擔心走得太近妳。如果我不知輕重的說妳道妳，卻無法體認到一絲絲妳曾經的感受，這讓我覺得狂妄的不安。不是嗎？少有人可以如妳，在雙雙幼子面前，奉獻兩種祭品：瞬間的，和一生的。我們走不進妳，的確，太遠，無法從我們現有的經

2018 年 4 月在洛杉磯、舊金山、西雅圖和溫哥華海外台灣人舉辦的黃晴美追思會。

歷找到途徑接近妳。於是我們這些後輩,只能如此前後圍繞、觀看、感受……嘗試透過妳,創造我們個人的,也是國族的勇氣。

在歷史上,女性從來就不是配角

藍士博(228事件紀念基金會董事)

在424刺蔣的行動當中,黃晴美女士絕非附屬,而是積極地參與、協助,甚至在後續的救援行動中盡她作為台灣人的一份責任。

島嶼從甦醒到重生的過程中,女性從來就不是配角,更不應該成為被忽略的譜系。不管是日本時代的蔡瑞月、葉陶、謝雪紅,或者是戰後投身民主政治與人權的許世賢、謝秀美、田孟淑、艾琳達、三宅清子等人。

她們的付出與貢獻我們了解太少,認識太遲,只能從有限的材料中嘗試詮釋,尋找啟示,補齊自我與島嶼差一點失去的記憶拼圖。然後交代自己,永永遠遠,毋通袂記。

黃晴美是台灣女性的典範

陳婉真（前民報董事長）

她的個子不高，外表樸素，在訴說那些經過時，語氣平靜，永遠面露微笑，就像在說著一件平凡無奇的事情一樣，我的內心卻不斷翻騰，很難想像是什麼力量促使她能如此堅強走過來。

我常想起早年陳菊在郭雨新辦公室時，桌墊上常夾著一些勵志語句，其中有一句：「身不得男兒列，心卻比男兒烈。」也常以秋瑾自況；漢人的傳統思維，女性就是要「三從四德」；而日本人在台灣辦女子高等學校，也無非是要教育女性如何成為一個賢內助。

女性是沒有自己的獨立人格與個性的，在這樣傳統思維與教育下，黃晴美卻在自己最親的兩位男性面臨生死關頭時，她選擇全力支持，也為此付出極為重大的犧牲與代價，她沒有呼天搶地、不怨天尤人、不求任何回報，孤寂堅毅的走過下半段人生，雖然老天給她的第二段婚姻相當幸福，但這樣一位台灣女性的典範，應該長留青史。

這位堅強的女性始終無怨

張文祺（瑞典長住的好友）

1996 年，敝往新英格蘭進行組織工作，發生車禍負傷返紐約後，晴美姐送來一鍋很好吃的紅燒 Short Ribs（牛），如今這已是半世紀的往事。

運動路上，不幸人與人間並不盡圓滿，晴美遭遇人間冷暖，但這位堅強的台灣女性始終無怨，心理相當平衡，一直保持和悅的修養，對於無謂的糾葛與話語全不再在意。畢竟，一個人嫉憤痛心，只會傷害到自己，生旅順逆處之坦磊，晴美為我們留下了一個典範。

紀念總是溫柔笑臉的母語運動者：黃晴美

陳豐惠（李江卻台語文教育基金會執行長）

晴美姐心思幼膩，溫柔體貼，寫好 ê 文 lóng ài 讀 -- 過 koh 再讀，感覺有順 tsiah 會放心。可惜「追想四二四事件 kap gún tau ê 故事」寫七 pha 了後就暫停 --ah，晴美姐 hit 時是講伊認為有寡資料 ài koh 走揣 kap 查證 tsiah ē-tàng 繼續寫，後 -- 來一 mā 毋知啥原因 lóng 無 koh 寫；實在真遺憾！

Uān-nā 寫，頭殼內 koh 浮出有溫柔笑面 ê 晴美姊 kap 你輕聲細說 ê 講話聲，siáu 念 ê 話句大 kénn tī 心肝 inn 仔個外月 --ah，一直躊躇 ben 寫啥 khah 妥當，想想 --leh 就寫 khah 無人知 ê 你 ê 另外一條運動跤跡；上尾 beh kā 你講：我 beh koh kā 你攬 -- 一 - 下，感謝 -- 你！晴美姐，期待再相會！

身材嬌小的妳，總是心思縝密

王貞文（台語文推動者）

想起 2001 年佇瑞典俗伊熟似，心靈交流 ê 溫暖，予北國 ê 雲天攏變清爽。

伊已經超過 60 歲，長頭鬃烏 sìm-sìm，猶充滿活氣。細漢幼骨 ê 身材，活潑 ê 行動，圓圓 ê 面笑 -- 起 - 來，有少女 ê 純真。伊穿插真樸素，無抹粉 ê 面，予日頭曝甲紅紅。

伊一直講伊老 --ah，記智 bái，做代誌慢吞吞。伊講話慢想代誌真正斟酌。總是，伊有好奇、開放 ê 目神，輕輕好聽 ê 聲音，咧表達一粒活跳跳 ê 心。

請保有妳的溫暖和熱情，努力精采的活著

劉璐娜（財團法人青年平台基金會社會培力中心主任）

認識黃晴美女士，是由我已故的恩師張維邦教授和夫人張陳淑燕女士介紹而相識。而黃晴美的胞兄黃文雄 Peter，我幾次在校園中目睹他低調快步走著，在校園中看到台灣民主史上那麼傳奇神秘的人物，是剛回台不久的他，我甚是震驚。在許久之後，我才知道黃文雄 Peter 是維邦老師的老朋友和老戰友。

第一次認識晴美，我並不知道這麼一位平凡的女性對台灣歷史的重要，但是我直接感受到的是，她熱愛走路和散步，走起路來蹦蹦跳跳像個小女孩，總是帶著好奇而專注的眼神聽我們述說和提問……。對週遭的生態環境和樹木那麼熟悉、侃侃而談切入了瑞典的社會、文化歷史和移民，之後回來談台灣的母語困境。她親切述說許多生動的故事、許多廣博跨領域的知識及豐富見聞，讓我們這些書呆子簡直開了眼界。

在寫這篇文章時，我一度猶豫和深思是否要提到晴美對抗阿茲海默症的努力、家人的照顧，但我想跟大家分享的是，因為伴侶的理解和體貼、家人的愛和社會系統的支持，我看到的是晴美可以在晚年好好跟這個疾病共存、並有尊嚴地走到人生盡頭。

這就是我的母親

鄭日青

記憶中，我的母親是一個正面的人，她總是能正面看待人生。我從小就知道母親沒有很多錢，不過我們總是能吃好料，穿上像樣的衣服，在放假時做好玩的事情，放學後參加不同的活動。我長大後，逐漸了解到母親自己吃最便宜的食材，很少為自己添購新衣；她常常幫我們縫補衣服，而她還是能看起來很有型。母親會用簡單的小蛋糕來幫我們和我們的朋友慶生，讓來家裡做客的人打從心底感激；母親端出的番茄醬炒飯，形狀活像個巨蛋，大家都覺得頗有生日派對的氣氛。

我很少看到母親難過或是生氣，她耐心十足，面對他人的惡意時，也能慈善以待。有一次，有個小男孩跟蹤我們，他欺負我們的時候，甚至模仿我們說中文的樣子，還做了好一會鬼臉。我感到被冒犯，又生氣又難過。母親的解決方法是走上前去，對那名男孩獻上真誠的笑容，發自內心地用和藹可親的聲音向他打招呼，說：「我聽到你試著說中文，你想學嗎？我可以教你喔。」那個男孩一臉難為情，說聲「不用了，謝謝」，然後就走了。

母親對教學懷抱熱忱，極為投入，不但常常調整蒙特梭利的教材，還自製教材。她會套用精美、清晰的圖片，排版條理分明之外，也使用可以實際觸摸的教具，並且結合教材使用時從學童互動中獲取的反饋意見。

　　卸下蒙特梭利的教職工作後，母親開始成為華語的家庭語言（home language）教師，以 7 至 15 歲的非瑞典語母語學生為對象，教授華語、瑞典語和英語。學生如果和父母親其中之一說母語，就有參加家庭語言班的資格。另外一項開課資格是至少要有五名學生，且這五名學生同校之外，語言背景也要一樣。

　　母親的教學工作是要去維持並培養學生的華語能力，並幫助他們了解所有其他校內學科。同一班的學生們往往年齡不同，語言的掌握程度也不一，這對任何教師來說都是一大挑戰。母親有很強的決心要幫助所有學生，同學也都非常愛上她的課。當學生的家庭難以融入瑞典的社會體系時，母親也會協助他們，這不是她的份內事。

　　我高中的時候，母親在斯德哥爾摩的大學攻讀語言學，她的目標是制訂台語的文法，畢竟當時並沒有正式或官方的台語文法。

　　她原本打算在瑞典的冬天時，留在台灣做這件事。不過，我和日傑當時很融入瑞典的社會，而母親既不想要

離開我們，也不想要強迫我們搬到一個我們從來沒有到訪過、也不了解當地語言的國家。我了解她所做的犧牲。

現在身為成人，我開始思考，思考著：比起子女，更優先重視自己志業或目標的人，他們在理性上是怎麼考量的？他們覺得自己對子女來說不重要嗎？他們難道不了解，子女也會需要和父親每天互動、創造小確幸的時光嗎？

另一方面，如果父母是民主鬥士，是言論自由的鬥士，他們的志業，會造福廣大的民眾，那麼在理性上和道德上，志業都會是更重要的選擇。只不過，在子女年紀還小的時候，會覺得自己不夠受到重視、不夠受到珍惜。

在母親得到阿茲海默症之前，她回想起參加紐約行動的事情，以及在那之後的發展。當時我不太清楚許多細節。母親只說她很驚訝自己蘊含許多鬥志：在父親入獄的時候；融入新的國家和社會的時候；打拚賺錢付房租和填飽肚子的時候；確保子女學業順利、和朋友相處愉快的時候——這些時候，母親都顯現了她的鬥志。

這就是我的母親，她看到欠缺什麼，就會擬訂計畫讓事情起步，然後就落實計畫。不用說，許多好心的瑞典人也曾對她伸出援手。

許多人的媽媽就像我的母親，也會有想造福許多人的志業和目標，但是她們都退居在第三線。未來，我希望有重大志業的為人父母者，可以找到方法，一方面參與子女的日常生活，一方面兼顧自己的志業。（原稿為英文，譯者：高子璽）

黃晴美的女兒 *Jeanne Ching Cheng*

流浪，竟然是歸宿

1947 年農曆 3 月 11 日，我出生了。

父親是大富人家長子，自 16 歲喪父後，被堂兄爭產陷害而吸食鴉片。母親守了 10 年活寡，才終於盼回傾家蕩產的父親。

不被期待而出生，曾經半年是幽靈

我上有一姊一兄，因為家中生活很困頓，我的出世讓母親更煩惱，沒有為我報戶口。可以說，當時我是不存在這個世上的幽靈。一直到當年國曆 10 月 16 日，我才真正「現世」。

我到現在還是不知道，那不存在的半年中，父母親是如何看待我的？母親是如何熬過種種困難？又為何在這個時候報了戶口？

長期惡劣的生存環境，母親實在熬不過貧窮線。在我 4 歲半時，住在鳳山的大姑，一直催著母親趕快把我送去高雄給她夫家的有錢親戚。

被送走時，母親心如刀割，我更是悽慘吶喊的哭泣。

我的整個命運，也因為我的「哭」而扭轉了。這時生命的鐘擺把我盪回原點，穿著一件美麗洋裝和皮鞋，重回母親的懷抱。

爸爸吸毒，媽媽外出工作，我們寄居於外婆和四舅家，我從小就在高風險家庭中長大。往好處想，沒有人管教的孩子，總是會被允許擁有比別人更多自由自在、無拘無束的生活主宰權。

感謝母親指引支持，護理教育讓我有自主的機會

懵懂叛逆年代，感謝我有一個堅強、能幹又努力的母親，堅持著她的孩子必需接受教育，教育確實也改變了我的未來。只是，當年的我，完全不知道為什麼高職進入了護理學校？想必是母親去到處探聽，覺得學護理比較容易找工作，未來生活會比較穩定吧？！

當年，護理高職生唯一進修的機會就是台北護專的夜間部，我也如潮流般的上了這間台北名校的夜間部進修。轉到台北後，半工半讀的 3 年學習教育終於完成，我一生在台灣的南丁格爾教育總算完整結束。沒想到後來移居至瑞典，又接受當地外事醫療人員半年的訓練。

1973 年，鄉下長大的我，面臨了過去無法想像的命運大轉彎。在不能自由出國的當年，我竟能因受聘而離開國門，懷著美夢前往德國做醫療工作，真是令人興奮無

比。我就隨著自己編寫的美夢，飄飛到萊茵河畔。萬萬沒想到，我輕身一轉，飛越千里尋夢，卻就此駐守異鄉，獨自浪跡天涯。

美好的德國之旅，卻也是命運分岔點

回顧這一生，三年的德國之旅真的最值得慶幸頌讚的美麗人生境界，也是我從小至今最充實、最珍貴的一段自由自在的生命歷程。

就在我快樂享受德國的工作與生活之際，命運又拋給我另一個分岔點。

1975 年 10 月，全歐台灣同鄉會在德國舉行年會，邀請了遠在瑞典的「424 刺蔣案」主角鄭自才來演講。鄭自才是 1970 年 4 月 24 日在美國紐約槍殺正在美國訪問的行政院副院長蔣經國，也是國民黨認定最黑的黑名單份子。會中，他受到英雄式的熱烈歡迎。

大會結束後不久，我突然收到鄭自才的信，一時感到受寵若驚，也很驚奇他怎麼會知道我的存在。自此，我們開始書信往返，並知道了他已離婚，正在尋找合適的結婚對象。

1976 年夏天，在往返近一年的遠距通信後，我們終於有機會再次見面。當時，我面臨三年期滿回家、轉職場、

高職畢業照。

1970 年於陽明山。

1973 年松山機場留影，左一媽媽，
中間吳清桂，右一爸爸，後面姊姊。

或去瑞典的抉擇？我必須做一個心情的整理，以確定是否要和他到瑞典定居。我當時談不上因何選擇，如今更是無從詮釋，只能說是命運之神的安排，最後還是和他到瑞典斯德哥爾摩市登記結婚。

無意又無奈成為被放逐北國的黑名單

那年，我雖已近 30 歲，但在國外認識的人有限，談不上有什麼可以商量的對象。總之，懵懵懂懂隨夫移居冰天雪地的瑞典，跟著他開始過著流亡生涯。出嫁黑名單份子，自然被取消台灣護照，也隨著成了國際政治難民。單純平凡成長的我，難以想像會被置身如此時空。

自才，經歷刺蔣、逃亡、引渡、坐監、離婚等等生命重大的動盪和轉折，而落難於北國異邦。結婚後，我想著一切終將歸於平靜生活，我們確實也努力在異鄉共同築起一個安穩的生存空間。畢竟，故鄉台灣已經遙遠而暫時無法歸去。

1979 年 3 月，我在瑞典成為母親，兒子台民的出世帶給我無比的喜悅。兒子目前已婚，育有 2 個兒子，舉家居住於舊金山灣區。

遠離故鄉的北國孤寂生活，猶如被關在無形的社會監獄，我們力求解脫。幸運之神終於降臨，眷顧著我們。

在溫哥華，我是「佳容」

　　1983 年讓我們有機會擺脫沉悶之困，舉家由北國瑞典千里迢迢遷移至隔著太平洋就可遙望故鄉的加拿大溫哥華。離歸程就只是隔著太平洋，我們雖看不到島嶼之美，但台灣的風透過太平洋的空氣，彷彿可以穿透我們的思鄉之情，暖和我們的心。

　　為了安全起見，我們一抵達溫哥華，好友施興國夫婦即警告，國民黨正在尋找我們。於是，我們在未現身前便改名換姓，全部就以台語文發音，鄭姓改為 DEH，吳姓改為 GOH。我們自此在加拿大就變成另外一個人了。

　　直到今日，我又重新從台灣移居到溫哥華，在老朋友中，我仍然是以前的「佳容」，包括我目前使用的加拿大護照，這也造成我不小的麻煩。

　　我一路從台灣到德國、移居瑞典、加拿大，每次的移動，都得從頭開始，包括語言的學習、事業的打造、環境的適應等等。雖很辛苦，但一路走來，受到同鄉的愛護和我們的努力，平順漸入佳境。只是，禁不住繚繞在耳邊而傳來的故鄉呼喚聲。

回到夢寐以求的台灣，有幸參與民主運動進程

1990 年代，我們放棄在溫哥華正蓬勃發展的建築事業，突破黑名單，回到夢寐以求的故鄉。

九〇年代突破黑名單回到故鄉，正是台灣民主運動最蓬勃發展的年代。包括：野百合運動、1992 年被視為台灣民主運動、言論自由及推動人權保障的重大刑法 100 條的修正、1992 年總統直選的抗爭活動等等，我們有幸能躬逢其盛，也認真參與民主運動的每一場戰役。

1990 ～ 91 年，曾在台灣人權促進會工作時，正巧碰到轟動一時的獨台會案，台權會扮演非常重要的救援角色，很榮幸的我參與了重要的社團串連工作，終於成功讓獨台會案的五位被告沒有被起訴，全部釋放。

1991 年，我代表民進黨競選大安、文山、中正、萬華等區第二屆國代大表，很幸運當選，任期直到 1996 年結束。這期間，為了推動總統直選，國大代表當時扮演非常重要的推手，完成了台灣民選總統的重要修憲任務。直到今日。看到台灣的民主發展現況，已傲視亞洲，並受到世界各國民主國家的關注與肯定，總會感覺何其有幸，能夠在歷史的關鍵時刻，參與了這個重要的民主進程。

1974 年在德國。

清桂與兒子台民合影。

《台灣花布：收藏台灣最美麗的
情感與記憶》大塊文化。

《台灣的設計寶庫：傳統
花布圖樣150》如何出版。

台灣花布再現風華，榮獲 NHK 來台專訪

2005 年，為了響應文建會「台灣紅」和「台灣衫」的主體概念的推動，因緣際會和早期台灣社會家家戶戶都在使用的被單布——阿媽的牡丹花布邂逅。這些佈滿象徵大富大貴大紅牡丹的花布，是早期台灣本土的技藝，卻已消失在歷史的足跡裡。

為了重新找回花布的風采，也為了文化的傳承，我試著以這些花布喚醒大家對這片土地的熱愛，希望帶出一股具有本土意識的新風潮。

2008 年在我的《台灣的設計寶庫：傳統花布圖樣150》出書後，果然掀起設計界熱潮。接著，2010 年又出了一本《台灣花布：收藏台灣最美麗的情感與記憶》，把台灣花布與台灣人的連結，做了完整而有系統的整理。很高興引起了日本 NHK 電視台的重視，並來台灣製作一系列的採訪和專題報導，成功為台灣花布做了最佳的詮釋，也讓台灣花布重新再現它的風華。

行動義診、照顧青少年，是最值得驕傲的歷程

從 2000 年新世紀開始，我回歸本業，參加台灣路竹會 (Taiwan Root Medical Peace Corps) 行動義診團，透過巡迴醫療服務模式，走進需要被關懷的偏遠地區或是災難

區，實現南丁格爾及史懷哲濟世救人的精神，把愛灑滿偏郊荒野。

這是我個人生命的另一種體驗，也是最值得驕傲的歷程。感謝台灣路竹會搭起了這座橋梁，讓志同道合的朋友有志一同圓夢，既為國家盡一份國民責任，也開啟了關懷國際社會的視野，拉近了對第三世界的距離。更重要的是，讓需要醫療協助的友邦，得到實質的人道關懷。

我的義診足跡除了台灣的偏遠地區外，還走過非洲甘比亞、塞內加爾、馬拉威，中美洲的海地和多明尼加，還有菲律賓和印度北邊的拉達克藏人區。

愛，帶著我到處行走奔忙。除了參加路竹會義診外，在台灣南部偏遠鄉下，我也曾經和一群失依少年共同編織一段美麗的圖畫和夢境。

那是在幽暗角落的高風險家庭中，得不到正常照顧的飛躍男孩，透過社福單位安排，希望孩子們得到妥善的照顧。我從原本答應短期三個月的幫忙，最後做了一年多，看到孩子們臉上的喜悅表情，我也因要再次出發流浪而終止。這是一段非常有意義但艱辛的工作，而我甘之如飴。

我的另一本著作《愛，帶我去遠方》，詳盡描述我的社會關懷足跡紀錄。

難以言喻的理由，再度流浪異鄉

自才可能因為天生較為少言，加上刺蔣案後所衍生的後遺症，夫妻之間難以溝通，導致我們的日常生活常處於不協調的處境，飄搖的婚姻關係雖說維持了 33 年，但最終還是於 2009 年結束了。

結束婚姻後，或許為了移轉注意力，我終於有機會展現我的自信和才華，陸續出版 3 本書、開了 3 次花布油畫個展，最後還把我繪製的約 50 幅畫作捐給羅東聖母醫院。

因為婚姻而被列入黑名單，因為黑名單而長年在海外顛沛流離，不斷移動，當然也無法以本名安定就業。離婚後的我，在台灣無法享有勞工福利、老人退休福利。因此，65 歲時，體會在台灣很難再有足夠的工作收入維持生計，無奈只好又遠離故鄉，再度出走到加拿大，重新建構我的退休安養生活。

如今，我雖不得已再度流浪，依然是心繫台灣，每年都會回來看忘故鄉、親友，隨時關心這裡的一切時局，聊解鄉愁。只能說，這是一個並非常人可以理解的選擇。至於未來如何，一切隨緣。

因為種種的生活體驗，我加倍了解晴美的心情，也大膽執筆撰寫本書，希望大家永遠記住她，也多多關注如今因各種緣故還是人在海外，卻心繫台灣的人們。